建築ライブラリー19

建築への思索——場所を紡ぐ

益子義弘

編集＝建築思潮研究所
発行＝建築資料研究社

目次

まえがき

庭に伸びた木の枝の剪定をしようと梯子を掛け、繁る葉陰にもぐりこんだ。枝の股に小さな固まりがある。キジバトの巣だった。

そういえば番《つがい》の鳩が、時々そのあたりを飛び交っていたことを思い出す。あまり巧妙とはいえない造りだけれど、その内側は動物の毛を幾重にも重ねたいかにもやわらかな凹みがある。近所に飼われている犬の抜け毛を集めたようだ。親鳥が卵を生み、ヒナが孵り、そこで育ち、巣立っていったのだろう。

鳥の辞典を捲れば、実に多様であっけに取られるような形の巣があることを知る。種により、また生息する環境によって、その素材は周辺にある植物が主だけれど、不思議な姿をしたものもある。造りも形も種ごとに決まっている。

鳥たちは本能にインプットされた習いによって、それぞれの環境の中で最も子育てに適うその形をずっと繰り返し作りつづけてきた。いつか種が枝分かれをする遠い時までそれは変ることはないのだろう。

人の住まいはそうはいかない。さまざまな人の活動を支える建築もそうだ。遥か遠く距離を持って見れば人間の棲家も建てる空間もどれも同じとも見えるのかもしれないけれど、ぼくらが知る歴史の中でそのありようは多様に変わってきた。

人は先天的にでなく後天的な学習を通して、その時々や環境に適う生活の場やそれを支える空間のかたちを探す。本能を離れ、学習という手立てによって知恵と経験を受け継ぎ、時代や環境の移りに適合する場のありようを思考しそれを新たに拓いて来たともいえる。

その柔軟さや機敏な対応の仕組みが人間をこの地球世界で優位に立たせた理由かもしれないし、またそうした宿命的に持つ観念性が時には自然の理に反し間違いを犯すもとにもなるのかもしれない。ぼくもそんなひとりとして、建築という専門の領域を通して、今生きる中の人の場の適合のありかを探す。それを迷い迷い考える。

ずいぶんと大げさな言い方をしてしまった。でも人誰もがそんな模索を繰り返す永い時の旅人なのだろう。

ここに集めたいくつかの文章は、ぼくなりにさまざまな場面に出会い、また創作の過程で、その折々に考えたことだ。それが今ぼくがたずさわる建築という分野にとって、どのような確かな意味を持つかは分からない。

そんな些細なつぶやきの羅列に、目を通してくださる方がおられれば幸いに思う。

1 場所の素景／風景との出会い

木陰の力

仕事場に向かう時に、いつも広い公園の中を抜けて行く。少し遠回りになるのだけれど、人や鳩の群れる光まぶしい広場ではなくて、ケヤキの大樹が不規則に並ぶあたりを通るのがいつのまにか習慣になった。

その一帯は、灰色のアスファルトが広く地面を覆っていて、足もとはまことに味気ない。でもそんな無粋な地面を画布とするように、大樹が季節ごとの影の形をさまざまに描く。その木々の陰が明暗や色合いや一帯の視界のかたちを日に日に変え、そんなことに惹かれてつい遠回りをしてしまう。

その場所に冬の低い陽射しが網目のような木々の枝の影を地面いっぱいに描いていたのは、ついこの間のことだ。足もとも空も幾重もの枝の網に覆われて、見上げる向こうに冷たく澄む青い空があった。

いまはもう、その一帯も深い陰の時に入ろうとしている。透けた葉の色を映していた地面の連なりも、まだらな光と影にもみほぐされるようにして歩く人たちの姿も、もう残像のように記憶の片隅に仕舞われて、いくらかの明暗の差をまだらな模様に刻む葉の影がその場所を覆いはじめている。あたりに散らばっていた風も、いまは葉の繁りに閉じられた空間をゆるやかに流れてゆく。

木々の繁りやその空間が生む形とともに、風のかたちがそんなふうに変わることを身体で知ったのは、ささやかなうれしい発見だ。葉陰の道を抜けて、風に乗る涼気がそんなふ

公園の木陰

「緑陰」／『毎日新聞』1990年5月9日／土屋昭

うに運ばれてくる。
少し前に、一枚の素敵な写真に出会った。
それは大樹の陰に集まる人たちの群を写したもので、新聞の朝刊のひと隅に載ったものだった。粗い粒子のその写真は、まぶしい広がりの中に立つ一本の大樹が黒々と大地に落とす影のかたちを見せ、目を凝らすとたくさんの親子がそこにたむろしているのが見える。誰もがその影の輪郭から外れまいと寄り添い、ほとんど人の集まりの形が影の形になっている。あるいは地面に落とされたその大樹の影がそのまま人たちの集まりの形をつくっているといったほうがよいかもしれない。「緑陰」と題されたそのユーモラスな写真には、それがある小学校の運動会の昼休みの風景と記されていた。影が移動したら人たちもそれに合わせて動いたのだろうか？　雲が出て日の影が消えてしまったらそこに人の集まりの形だけが残るのだろうか？　そんな余計な想像を朝の惚けた頭に思いめぐらせながら、それはともかく、そこにとらえられた光景は、新聞の粗い印刷がことさらにその明暗の差を強く描き出したためもあろうけれど、実体のない木陰が確かなひとつの空間として持つ力を鮮やかに見せて印象的だった。

木の落とす陰は、人のために意図されてある空間ではない。木々は自らの欲求で日を浴びて葉を繁らせ、その下に張る根を護るために深い影を宿す。木の下に身を寄せるのは、ぼくらの側の理由によるものだ。寄るな、迷惑だと、木々はそう思っているかもしれない。それでも、たとえば平原に立つ一本の大きな孤樹に、ぼくらは大いなる生命の表象や、そしてまた宿りの安心を見、そこに家の原初的なありようのイメージを重ねる。深々とした葉の覆い。それが生む肉体や心の渇きを癒す陰。それはいかにもぼくらが「家」あるいは「棲家」によせるそのかたちの原形だ。

明らかな「場所」の始まりが、そんな「陰のかたち」の中にある。

バルザックの像が拓いた視界

上野の藝大の構内に、オーギュスト・ロダン作のバルザックの彫像がある。銅に鋳込まれたその大きな像は、今はインディゴ色の青黒い地肌に緑青がまだらに吹いて、特異な傾くフォルムに強い力感を発しながら、でも静かに立っている。

像が据えられた頃、その場所はおよそ目立たない構内の外れだった。今は大学図書館が占めるその一角は、かつては絵画科の学生たちが写生の素材にする植物や花の畑があって、菩提樹の老木と背丈のあるトチの木が深い陰を落としていた。

当時建築科の校舎がそこからさらに奥に出来、木々の下はぼくらが日々通う道になった。バルザックの像が据えられたのは、それからしばらくの頃だったと思う。ある日突然のようにその像は居た。そう言うほどに出会いは唐突だった記憶がある。

久しく外での活動から大学に戻ることになって、像としばらくぶりに再会した。かつてその像があった場所は、据えられた位置こそ同じではあれ、校舎の改築とともにずいぶん印象を変えていた。でも木々は前よりも繁りを増したように見え、脇の道を若者たちが語らいながら通り過ぎてゆく。

その像との出会いは、ぼくにとって大きな事件だった。少し大げさに言えば、まだ建築を学び始めた頃に、そのひとつの視野が実感といくらかの予感をともなって拓かれるきっかけになったといってもよいかもしれない。

強い力感を漂わせる彫像の出現が辺りに影響を持つのは当たり前のことだったろう。でも、ぼくにとっての事件というのは、その像自身に向くことよりも、像が据えられたことによって引き起こされた一帯の場所の経験の変質についてのことである。

バルザックの像

斜めに傾くように立つ像のムーブマンが一帯の空気を揺らすのか、胸を反らすバルザックのえぐられた影で表現されたその深いまなざしがこちらの視線を誘うのか、あるいはまた刻まれた襞やディテールのゆえなのか、およそふだんは目を向けることのなかった中空にぼくの目は運ばれ、そして高い木々の梢や葉の一枚一枚がくっきりと見え、枝の網目を透けて降る光がやたらあざやかに感じられた。そのどれもが以前からその場所にありながら、ただぼくには見えていなかったもののたちだった。

そのとき深く理由を考え

たわけではなかったと思う。そうした場所の経験の変質にただ驚いただけだったかもしれない。ひとつの立体の出現が場所一帯の見え方や感じ方をこれほどに新鮮なものに変えることがその時はただ意外だった。

実際の設計に従事するようになって、建築が人たちの場所の経験に寄与できることは何だろうと思いをめぐらす折、今でもこの像との出会いの記憶が心の片隅を横切る。

建築が日々の活動の利便を支え、人々の居場所の安らぎに関わるものであることは言うまでもない。でも、もう少しその存在が持つ深い意味でいえば、あるいはもしもまたさいわいならば、ひとつの建築はそれが立地する土地や一帯に潜在するもの、その場所や環境に隠れて不可視だったものを呼び覚まし、あらためてそれらを人の経験に結ぶことができるのかもしれない。たとえば野に立ち、そこに人の居場所を構想するとき、ただ裸のままで野の環境に向かうよりも、建築という存在を通して、もっと新鮮に一帯の環境を人の経験に結ぶことができるのではないか。バルザックの像との出会いは、そんな物が果たす力への予感や創作につながる視界を拓くきっかけになったように思う。

先日、彫刻科の友人とその像の前ですれ違った。二三の話を交わした折、彼はその足先が台座からはみ出していることを指し示して、それもこの像が大きな動きを見せる表現上の一つだと教えてくれた。漠然と見ていたその強い印象の背後にも、さまざまなディテールや作意やその巧妙な仕組みが隠されていたことをあらためて知る。

山寺…地の形と人の意志の刻み

いつも山寺を見上げて通る。

唐突にそうは言っても、いったい何?と思われそうだ。

ここでいう山寺とは、東北の作並街道沿いの山腹にある立石寺の別の呼び名である。芭蕉の「静かさや　岩にしみいる　蟬の声」の句の詠まれた場所といえば、知る人も多いかもしれない。その近くを仙台と山形を結ぶ鉄道が走っていて、途中で停車する山寺駅での車窓から、そびえ立つ二つの崖の上に人の場所の意思をくっきりと刻むように寺の見晴らし殿（五大堂と釈迦堂）が望まれる。

設計に関わった建築の現場が山形の北の町・金山にあって、少し迂回するルートになるけれど、深い谷あいの風景に惹かれてその路線を選ぶようになった。それで山寺をいつも見上げて通る。

建築には限らない。目に触れた一瞬にその存在のありようを丸ごと納得させ、ぼくらを惹きつけてしまうようなものや場面に時に出会う。その一帯の風景に占める山寺はそういう存在のひとつだった。

急峻な砂岩質のその地形は、一筋の谷とその両袖に切り立った二つの崖からなる。その谷の凹状の地形の奥に寺の本殿があって、両の袖の空中に張り出すような凸部の丘には大小二つの見晴らし殿が座る。

山寺を見上げる

里の風景（見晴し殿から）

あえてその理由を詮索しなくても、いかにもその凹凸は共に人の想像を誘う地のかたちだ。谷は場所の潜みを内に包み、崖の突起ははるか遠方への視界に人を誘うかに見える。人はたぶん、明らかにそこがひとつの場所に刻まれる以前にも、幾度かそこに登りその地に立ったことだろう。建物はそこを人の場所として補強し、いくらかの確かさをもつものにしたにすぎない。

「すぎない」と思わず言ったけれども、そのことにぼくはそうした場所の生成や建築がひとつの風景を生みだすありようへの強い興味と共感を覚える。

その地形は険しく、千余段の石段をのぼって本殿に至るけれど、修験寺に見るようなあえて肉を削ぎ知を研ぐようなあの修行の重たさはそこにはない。むしろ、至極単純で明快な陰と陽、陰の濃い谷内と明るい丘の両様の土地の質とそれを場所として読み取った人たちの意思のかたちがそこに対比的に存在するだけである。

その場所のありようは、森深く分け入り人里を離れて瞑想の場をあえて見つけ出した険しい意思のかたちというふうではなく、日々ある風景の中であそこは良しと誰しもが惹かれる場所に、わずかに共感の形をあたえたというほうが当たっているように思う。そのかたちの自然がぼくらを惹きつけるのだろう。

その見晴らし殿に座れば、はるか奥羽の山並みを見、その麓に谷間を拓いた畑地と集落ののびやかな群れを目にする。里の水平と、地の垂直の頂に刻まれた寺。その丘の高みに据えられた一点が、ぼくらの目を一帯の大きな空間に誘う機運になって、空や山々を体に引き寄せる。

麓から寺を仰ぎ見つつ、その平地と高みの明らかな位置の対比に、かつてそこに存在したであろう人々の支配や被支配の構造、また建立の苦力を思わなくはないけれど、いま建築という大地と人との交点に湧き出でるものの形に想いをしぼれば、山寺の示す風景はいかにもさわやかである。

遠くから見る地の頂の社殿にいま色はない。かつてのあざやかな施彩は風雨にさらされて消え、自然の色合いの中に溶けるようなそのささやかな刻点は、人間の精神のひとつの証しである幾何学をその骨格が落とす影の形にして、一帯の風景の中に人の意思とその場所のありかを印象づける。

影の所在…ひと叢の杉の森と鳥居

六月の山形は桜桃《さくらんぼ》の季節である。

乾いた透明な陽射しの中で、葉影を小紋の模様に染め上げるように赤い粒々が樹々いっぱいに実る。まだ梅雨には間がある北国の空気は、はるか遠くまでの風景を鮮やかに見せて澄む。

ここに記そうと思う風景に最初に出会ったのはそんな季節の頃である。

最上盆地の伸びやかに広がる稲穂の中を行くと、時折ひと叢の緑濃い杉の木立ちを目にする。盆地とはいえ最上の平野は広く大きい。

どこまでも明るく田の地平が連なりながら、空間はやがて山裾に至る。浅黄の稲穂の広がりの中でその木立ちは杉特有の色濃い緑を見せ、まぶしい光とその空間の中に一点の深い影を宿すというふうでもある。

そんなひと叢の杉木立ちの濃い影を背に、あざやかな赤い小さな鳥居が立つ。その赤はアキアカネの蜻蛉《とんぼ》の赤、祭の朱染めの幟《のぼり》の赤、目に深く染みとおる赤である。暗い森が赤を強め、鳥居の赤が背後の木立の陰を深める。

その風景は、ぼくを瞬時に納得させる。

ささやかな森の木立ちと鳥居。その組み合わせは、日本の広い範囲にわたって見届ける素朴な信仰のかたちだ。あるいは信仰と呼ぶ以前の、土地への感謝や心のよりどころに寄

杉の森と赤い小さな鳥居

せた形といえようか。そのもとをたどることに興味はあるし、その風景から受ける強い印象の根を解くためにもその必要はあろうけれど、いまぼくが持つ思いはそのことではない。

その風景を前にして心めぐるのは、一瞬にして納得し心惹かれる「場所のきざし」への思いといってもよい。そのことに持つ共感のありかや、人がおのずから思い、それがひとつの形へと昇華される場所化への必然というようなものである。

これまでにも小さな森と鳥居の組み合わせは幾度も目にしてきた。ただ、それを見慣れた形式としてではなく、素直に場所の直感に結ばれるものとして受けとめたのはその時がはじめてのような気がする。

木立ちの中に一歩踏みいれば、そこに見届けるのは朽ちかけたほんのささやかな祠だけだ。木々が生む陰り以外に実体は何もないといってもよい。祠はその影にひとつの芯を与えているに過ぎない。たぶんそのひと叢の木立ちは、光まぶしい野の広がりの中で、ぼくらの体が自然に欲する影の所在であると同時に、ひとびとの心や精神が光の渇きの中でごく自然に求める陰りなのだろう。

赤い小さな鳥居は、その陰りに付されたひとびとの共感の形、そうした場所を通して想像される深い自然への畏敬の気持ちの印なのだと感じられた。

自然の連続性と知の分節性

谷あいの稲田

少し思い返して見れば、そのような風景は別にめずらしいものではない。かつて目の端をかすめたぼくの視界やその記憶の中にも、そんな風景はよくあったような気がする。

街を離れ、地方に出掛けて行く旅の途中で。汽車が山あいを抜けるときの車窓から。あるいは、歩いて小ひだの土地の起伏を越えて峠に向かう間に。「谷あいに拓かれたそんな田圃の風景」は、当たり前のようにあったようだし、事実よく目にもしていたことだったろう。

気付くというのは人それぞれだ。普段あたりまえのようにあったことや何気なく見えていたものが、なにかのきっかけで強く気掛かりになる。それを契機に思いを巡らす。ぼくにとっては、その谷あいの稲田の風景もそんな一つだった。

それはひとつの仕事をきっかけとしている。ある山荘の仕事でその土地を訪ねたときのことだった。

そのときの目的の土地は小高い地の起伏の上にあって、少し雑然とした松の木越しに、遠くの山々が見晴るかされる。目は遠くのその風景の方に惹かれるけれど、その見下ろしに谷の稲田の風景があった。

最初にそこを訪ねたときは、まだ冬枯れの季節だったから、田の印象はただ平坦な荒れ

冬枯れの谷あいの風景

地のようにかすかなものだった。平凡な丘と谷のかたちがそこにあり、畦に盛られた土堤の線の重なりが、そのゆるやかな谷のずっと奥にまでいくらかの段差を持って続いている。枯れ草が地形の輪郭やその視界をぼやかすように一帯を生めていた。

その風景の印象が大きく変わったのはそこを何度目かに訪ねたときである。畔を堰として田の囲いごとに水がいっぱいに張られ、かすかに段差を持つその幾重もの水平な面が、その谷の上方からゆっくりと下方に続く風景が目の前にあった。

冬枯れの時の、谷も山も暖昧に続くようだったその地のかたちの印象は、水の平らさが平地の存在を鮮やかにし、傾斜地との際をくっきりと浮き立たせるものに変っている。あるいはまた、幾重ものわずかなその水面の段差が、目にはとらえ難かった谷のかすかな勾配を明らかにする。

ゆるやかに流れる谷あいの空間の骨格を、それは鮮やかに顕現するものに見えた。

この谷もかつて、その地の形が許す限りにおいて水田化されたのだったろう。今は田圃そのものの役割は少し萎えているけれど、かつて一粒でも米の多くの収穫が求められた頃、谷のかたちが水をためる稲田を持てる限りの、山裾の際の際までもがそのことにおいて耕作された。

いうまでもなくそれは風景を意図されて形作られたものではない。目の前に広がるその風景は、必要によって隅々まで耕された土地の結果である。

田の「捕植」という作業があることを、あるとき本をめくっていて偶然に知った。今は機械化された田植え作業に、その機械が届かぬ隅や不揃いな稲苗の間を埋めるように人

水の張られた谷あいの田

青く広がる田の水平

がいくらかの苗を足すのだそうだ。田を命と大切にしてきた老人たちが、農作の機械化を受け入れながらも、その不揃いや乱雑を我慢できない。それはかつての一粒でもの米の収穫をあげようとしたことを根としながら、でも、どうやらそれは見た目の不揃いを恥とする習わしのほうにむしろ原因があると、その記述は向けていた。それが、田の水平と隅々まで稲で埋められより純化された面の美しさを、風景としてぼくらに見せる。

節分ける行為と、ものの語識

いま手元に『分解博物館』と題された分厚い辞典風の本がある。ぼくらが目にし、身のまわりにあるさまざまな物の、それぞれの部分や部位に付された名をリアルな図解とともにひたすら拾って記した本だ。宇宙や動植物や道具や工作物まで、その徹底の度合いがかなりマニアックではあるけれど、人が対象を認知しその理解を共有する上での宿命の一端をあらわすものとも思えるし、一冊は人のそんな思考の縮図でもあるといえるかもしれない。ちなみに人体は50余の部位とその呼称が記され、ならば胴一本のミミズはどうだと探したけれどそれは無くて、ヘビは6つの部分を呼び名としていたりする。

そのことに深入りする気はないのだけれど、そうした節分けは物の把握や理解の上での習いでもあり、またものをあらためて記述したり作る上での術でもあるだろう。「わからない」ということを「分からない」と書くように、対象や状態がうまく節分けられてつかめたとき、ぼくらはすっきりとし何か分かった気分にもなる。

このことと谷あいの水田の風景の、季節の移りから受けた新鮮な印象を重ねてよいのかどうか、すこし迷いはある。

屋根・壁・鮮やかな水切り線

水が一面に張られるという特異さに驚き、あるいは稲の若緑の整然とした平らさにただ心打たれたのかもしれない。でも多分、その風景の強い印象は、自然のかたちと人の知や働きが交錯しあう中で、谷の仕組みがそんな分節を通して顕現され、その風景と空間の骨格がすっと理解されたことから受けたものだったろう。

蔵・小気味よいかたち

そんな思いを引きずって、近くを歩く。一帯にはまだ昔からの造りの民家や、その地所の内に複数の蔵が残っていたりする。ほかでも良く見かけるように、ここでも古い家の厚い藁屋根は、今はトタンで包むようにくるまれたぼってりとした奇妙なものになってしまっている。でもあまり手間をかけられなかった古い蔵は、むしろそのままだ。それが一帯の風景を小気味よくひきしめている。

そうした山村部に見る蔵の美しさは、谷あいの田に見届けた目の流れでいうならば、まさに明快な分節的なその構成にある。防火のためにそのぐるりを塗り込められた街の中のものと違って、この近在に見る蔵の多くは、厚い土壁の本体とこれに軽く傘をさすように分かれた深い屋根をかける。

しっかりと土壁でくるまれた空間はいかにも内部の密かな守りと安定を思わせ、本体から浮く屋根は雨をかわし小屋裏に軽やかな風を通すことで、それぞれの役割がそれぞれの原形のままに姿と形を見せている。

例えば、その土壁に漆喰の鮮やかな二本の白線が走る蔵がある。遠くからのその線引きの斬新さが、近付けばそれが粗い土壁の保護のための水切りであり、結果的にそれが適度に壁を分割し汚れの印象を節度あるものにしていることが分かる。

でも、それらの形に心惹かれ納得するのは、くどくどとそう意味を解くというのではなくて、見て一瞬に感じ取るものだ。

自然の連続性と知の分節性

見事な棚田はほかにいくらでもある。中国・雲南の、あるいはベトナムのその光景は人を圧倒する。でもぼくが思うのは棚田そのものの際だった存在にではなくて、この谷あいに見届けるようなもう少し微かな意味合いのことだ。

自然が連続的に存在すること。一方ぼくらはそうした存在の中でたぶん適宜にその連続を節分けし確かな認識に至ることや、あるいはまたその時間や空間の節分けを通して日々の生活の組み立てを持つ。

建築がひとつの環境や風景と人の経験に対する時、あるいはその空間が日々の生活の適度な区分に関わること。

それらの背後にある分節という行為と場の構成にもかかわる意味に、いまあらためて思いが向く。

知の痕跡・やわらかな幾何学

ほんとうにかすかな気配がそこにはあった。

砂の大地を疾駆する車の、単調に外を流れて行く乾いた風景の中から、何かかすかな自然との差異、人の臭いとでもいうものを一瞬目の端がとらえ体が感じた。

中国大陸の西・シルクロード沿いに点々とある漠高窟（千仏堂）の調査で出かけたときのことだった。

タクラマカン砂漠の東端にあるオアシスの町・敦煌《とんこう》をすこし外れると、荒れ地と広大な砂また砂の原が遠くの三鬼山の山裾にまで続く。その風景の中から伝わるかすかな感じの差異は、一帯を覆うそのさざ波のような砂の形の中にあった。

人の気配、あるいは人の意思の形跡。風が生んだ砂の起伏の中に、その自然な凹凸のかたちに類似してなおこちらの直感と結ばれる人間の意思の存在。

通り過ぎた後に残る気がかりに思わず車を引き返してもらい、砂の原を歩く。

それは人の墓だった。しかも無数の。

たぶん近くのオアシスに住む人たちが縁者の死を弔うものなのだろう。小さな円錐形の砂山の群が、どこまでも、どこまでも続いている。

乾いた砂を静かに落とせば、形は自ずから円錐の姿を生む。だからそれはおよそ自然の形でありながら、でもおそらくその場所においては自然のままには生まれない。風が生む砂の波にまぎれるようにしてなお人のかすかな気配をそこに感じ取るのは、そうした自然

風紋のような砂の墓・タクラマカン

円錐形の墓・タクラマカン

の摂理の中から掬い出した人の知が大地に刻むその形のゆえなのだろう。

近づけば円錐の小山は意外に固く固められている。ひとつひとつに名を付した跡もなく、それでも誰かが何かを供えた行いの跡だけはある。その上を風が運ぶ砂が覆い、人の意思の生む形をかすかに残しながら、やがては一帯の風景にまぎれてゆくというふうだ。


そのとき砂漠の周縁を巡ったのは40日あまりのことだった。人間の時の刻みを拒絶するようなその悠久な風景を前にしては、それはわずかな期間ではある。でもオアシスの町を一歩離れ、どこまでも続く不毛の土地に囲まれ続けると、人の気配やその痕跡にとても敏感になる。

さまざまな地層を見せる乾いた大地の隆起の中に、時には人の築いた形と見まごうものを見かけるけれど、鋭敏になった嗅覚はすぐさまそれを嗅ぎ分ける。逆に広大な広がりの中でほんのささやかなものであれ、また風化してほとんど自然に帰したものであっても、人の営為の片鱗やその痕跡は強くぼくらの目を引き寄せずにおかない。


キジールの古城跡に出遭ったときもそうだった。

はるか昔7世紀頃、僧侶たちの修行の場として築かれたその集落は、強い日射や乾いた風にさらされて崩れ、今はほとんど大地の隆起と化している。あたり一帯の地形の凹凸とそれはまぎれるようにあり、でもかすかな人の気配が匂いのように伝わってくる。

それは一帯に散らばって残る幾何学的な形の片鱗やその痕跡からだった。

幾何学が生む形は、固く秩序立った怜悧な表象のようにいわれ、またぼくもそう受けとめてきたようにも思う。でも乾ききった風景の中でその固い形の片鱗たちがぼくを惹きつ

見捨てられた集落

キジールの古城跡

けるのは、一種のぬくもりのような懐かしさだった。そんな幾何学的な形象がこれほどに人のやわらかな匂いを感じさせることが意外だった。

それを怜悧な表象というのは、ふだん都市的な人工環境の中にいて抱くぼくの思い込みだったろう。無機的な広漠とした世界に囲まれる中で、それが人の存在や営為の一つの確実な証なのだということに、その時あらためて気付かされたというほうが正しいのかもしれない。

砂の墓からかすかに感じ、でも強く惹き付ける人の気配。それは無数の幾何学形の群の中に、刻まれた人の知の形跡が浮き立たせるものなのだろう。

強い囲み……イランへの旅

一枚の写真

研究室の若い人たちを誘って、イランに出かけた。まだ夏の強い光が残る9月のことである。

イラン高原のカビール砂漠には、以前から一度行きたいと思っていた。でもあまり意志的な計画派とも行動派ともいえないぼく流の旅は、心のかたすみに溜めた場所の記憶に時折の機会の偶然が重なってふと実行するというような、多分に受け身のかたちである。今回も同じような機会であって、だから記憶の箱にはまだたくさんの場所への思いが溜まってはいるものの、年齢を考えればもうこれから知らない土地に身を置けるのはほんのわずかなものだろうとは思う。

ぼくがイランに惹かれたのは、20代の頃に目にした一枚の写真がその発端にある。『ARCHITECTURE WITHOUT ARCHITECTS』。バーナード・ルドフスキーの著したその書は、世界のプリミティブな居住様態に光を当てたものとして、いまではもう古典の部類に入るけれど、ぼくがそれを目にしたのはまだ学生の頃である。

モダンな建築構成に慣れた目にそのおびただしい数の異形の家々はとても衝撃的に映り、それらは個々の風土の差異やその根にある場所の力を強く想像させるものだった。

そんな中の粗い一枚の写真が、まぶしい逆光に特異な影と姿を見せる土と砂一色で築かれたイランの砂漠の民家だった。

その四周を厚い壁で囲まれたあまりにも強い閉鎖性。土という一つの素材のみで壁も屋根も連続的に築かれた無分節なその立体と空間。それらは、ぼくらの日常やこの風土の経験からはあまりにも遠く、しかも空間という意味でのひとつの原形がそこには明らかに潜んでいるように思われた。

原点回帰

二十一世紀が明けた。

ぼくらの連続する日常にとって、その大きな時間の節目にもそれほどの意味があるとは思えないものの、やはり気持ちを新たにするいくらかの機会ではある。研究室の活動についても、そんな節目がいくらかは意識されもした。

研究室生のそれぞれの取り組みとは別に、皆が共有する伏線として［原点回帰］を活動のテーマにしたのは、やはりそんな気持ちがあってのことだったろう。

学部を終えてきた人たちには、建築という存在の持つ意味やそれが実際に果たし得る力をもう一度自分の立脚点を確かめつつ考えることにし、すでに在籍する人たちや指導側のぼくにしても、それは十分に意味あることと思われた。

イランへの旅の計画は、そんな取り組みの中で浮上したことである。

そこに至る過程の説明は省けば、ぼくらが扱う建築空間のごく原形的な形態の要因のひとつに、それらが立地する環境の気候性があることに話題が行ったことがその発端となった。そこから次第に、どこか実際の場所を見届けようという皆の行動の内圧がどんどんと高まって行き、短い準備期間での紆余曲折を経て実行の運びとなったのだった。

そのことでのイランという場所への決定は、先に書いたぼく自身の思いも伏線としてあったろうし、またその標題に添う意味でも、皆にとって日常から距離を持つ風土性が体験としてもよかろうとの考えからでもある。

乾きと囲み

イランに入ってのまず第一の印象は、予測をはるかに越えた乾燥だった。まだ夏の名残りを色濃く残す首都テヘランは、その先にある砂漠地帯に比べれば人や植物の湿り気をいくらかは持つことと想像したのだったが、その都市を見晴らす丘に立った時、湿度計はすでに計測の危うい10％を切る値を示していた。

眼下に広がるテヘランの街は、これも予想していた以上の大きさで遠方にまで続き、その周囲を囲む不毛の大地に明確な輪郭を刻みながら、なお拡大をする気配を見せる。都市の容量が、確実なひとつの基盤として人やその活動の糧である水の容量によって規定されるということを、その乾きの中でいくらかの実感を伴って感じながら、これから先にある砂漠の町に思いを馳せた。

この旅の一つの強い印象は、砂漠沿いを走る車からの視界を流れる風景の中にあった。それは、ごく単純にいえば、人の活動の領域がすべて「囲む」という堅固な空間を伴ってあるということだ。

住居にとどまらず、畑地もほかの施設も、周囲の荒れ地に対してそこだけ囲みを強く持ち、その明瞭な境界性が人の意思の存在範囲と自然地とをくっきりと分ける。そんな風景が窓の外を次々と流れ、次第にそれらがひとつの印象に蓄積されていった。

キャラバンサライ（隊商の宿泊所）

鳥葬の丘（ヤズド）

もちろんそれはごく実際的な意味での防御のかたちであったろう。人や獣やあるいは風や乾きに対して、あるいはその堅固さの背後にあるらしい不信の大きさはぼくらの想像をはるかに越えるけれど、でもそのかたちの理由は分からないではない。でも多分、その強い囲みや外界との明確な境界は、防御という物理的な役を越えて、もっともっと人が外界に対して抱く大きな不安、すなわち、人が広漠とした荒野に対する精神的な恐れや不安を解くものとしてあるのではないか。さまざまな囲みに強く目をひきつけられながら、そんなことを想像もし、そのことは人が囲いや空間あるいは境界というものに持つ深い普遍的な意味にもつながるように思われるのだった。

場の強固な骨格と生活の多面性

その時の旅は、できれば2、3の住居の空間を実測し、またその土地に根差す空間の固有性が気候というひとつの側面から実際にどのような効果を持っているのかを、ただ感覚的にではなく計測を通して見届けようとするものだった。そのことで首都テヘランから広大なカビール砂漠沿いに南下する国道をたどって街や集落を訪ね、最終地は500キロほど南にあるヤズドの街とした。

ヤズドの旧市街は圧倒的な壁の街だ。

高く築かれた厚い土壁が家々を囲み、各家の唯一の戸口を除けば、内部の生活の一切の気配は外に対して強く遮断されている。まぶしい光と強い影の交錯する路地は人気がとぼしくて、土色一色のモノクロームといってもよいその空間は人や街との接点を持たない外部者に対してはとても拒絶的だ。

でも、分厚い扉を開いて一歩内に入れば、細い路地状の空間を抜けて、植物の緑と水と光まぶしい中庭に出る。外の街路の乾いて無愛想な空間に対して、内側は人を包む潤いがある。その中庭を室が囲む。

こうしたいくつかの住居を訪ねて、皆が興味引かれたのは、土という一律の素材が組む空間原形と、生活の具体がその強固な空間体の中に織り込まれる有様だった。そこには土壁が可能にする単純で堅牢な空間の骨格がまずあって、生活の様態がそれを巡って多様な場面を生むといってもよいだろう。夏の場所、冬に住む部屋、この一帯の生活を支える遊牧が季節に応じて草のある場所をたどるように、土壁に築かれた空間を生活がたどる。

この骨格が優先される生活のかたちは、日本の民家でも木組みの単純な基本からなる田の字型のプランに見られるように、むしろ多地域においてかつては一般にもあったと言ってよいかもしれない。それがこのイランの旧居ではモノクロームな素材と空間の中でより強く認められ、また多重な立体性を持つ空間構造において生活の場所や場面が空間の側から誘発される状態を見届ける点に、皆が惹かれるところがあった。

このヤズドの街で、ぼくらの空間実測と温湿度の計測を受け止めてくれたのは、ゾロアスター教の宗派の催しに集まる若者たちが合宿する一軒の家だった。一般の家々が固く扉

テヘラン近郊の農家

を閉じているのに対して、その家は戸外にも人の気配が漏れ、それを手がかりとして同行の若い連中が交流のきっかけを摑み、調査に入ることができたのだった。

でも、その住居形態の空間実測の成果は一応は上げ得たものの、もうひとつの目的である閉じ性の強い空間の気候計測は、その室内の各所にセットした機材がすべて外されて失うというアクシデントに出あって、ここでは不完全なものに終った。後で聞けば、別の場所に住むその家の家主がそれらの機材を盗聴器のように思えて撤去してしまったらしい。

ただこの点は、さいわいヤズドに至る前の同種な空間の計測である程度補完され、この閉じた空間の安定した居住性やその骨格に仕組まれた内部気流を誘う工夫等が見届けられたのは貴重な経験だった。

旅の終いに

まだしばらく周辺をまわりたいという数人を残して帰国した翌日に、あのマンハッタンでのテロ事件（2001・9・11）が起きた。

街を歩く限りおよそ穏やかに見え、また人たちのあたたかさに触れた経験の向こうに、それは隣国アフガンに端を発するものとはいえ、表面ではとらえられない不信や険しい状況がその一帯の奥に潜んでいることを恐れとともに感じることとなった。

こと空間についていえば、冒頭に記したあの一枚の写真に見たと同様の外に対する強い防御と閉鎖性が、あらためて根のないものではないことをそれは思わせもした。それらのことを含めて、この旅は建築を軸にしながらも、その背景を含めて多重に考えるべき起点を、皆それぞれに与えた。

仮象の島

ずっと気になっている。それは旅で見届けた遥か遠くの島のことである。

南米ペルーの南、ボリビアとの国境に、広大な湖・チチカカ湖がある。アンデス山系の標高4000米に近い高地にあるその湖は、日本の琵琶湖の16倍という大きさを持っている。その中に点々と浮かぶ人の住む草の島がある。

旧都プーノ市に接するその湖の沿岸一帯は、人の背丈を越える高さの葦の原がずっと続いている。アイマラと呼ばれるその島の群は葦の原に紛れるようにあって、陸地からはまずは見えない。いや、船であっても、背丈のある葦原をまわってよほど近くに行かなければ、その存在に気付かない。

もう一ついえば、島は自然の島ではない。人が作った島だ。

一帯に生える葦を刈ってその根を積み、幾重にも幾重にも重ねて湖面に浮かぶ島を人が作った。それが今も50近くとも100近くともあるという。

島はそのひとつひとつが血族の村になっている。平均して直径50米ほどの大きさの草の島に、10~15の家族がおよそテントと呼んでもよいような草編みの小さな家に住んでいる。

トトラ（葦草の一種・現地での呼称）でできたその島は、人が歩いても、また少し大きな船が近くに寄り付いても、ゆるやかに波打つ。それは今までにない不思議な足元感覚と動きの経験だった。歩くのにも慣れないうちは決して楽ではなく、しばらく観察している

アイマラ島の遠景

と、島の人たちの上手な歩き方は膝を曲げ頭をあまり上下させない水平移動のような動きをしている。幼い子供たちも少しはよろけながらも機敏にやわらかな草の地を走ったりする。

草の浮き島に重い家は建たない。それでだろうけれど、ここの家では葦草を束ねた囲いと、やはり葦草で編んだムシロ状の薄く軽いカバーを屋根としている。または葦草を束ねた円錐状のかたちを小屋ともする。その編み草自身に隙き間はいっぱいあるし、囲いと屋根の間も４、５センチは空いている。ぼくらは村の人たちに頼んでその草小屋に一夜の宿泊体験をしたのだったが、そのメンバーの報告でも、夜間の冷えの中で葦草の床のぬくもり以外はまったく寒さに無防備だったようだ。なぜこのような棲家が４～５００年の長きにわたって存続しつづけたのだろう。

近くには最近の高床式の家の作りの島もある。草の島の湿気と冷えがもととなってリューマチに罹る人も多く、今の住処《すみか》は高床式のものに変わりつつあると聞く。ここでは草の地盤はほとんど見捨てられ、荒れて汚れた印象を受ける。家の素材にも亜鉛鍍鉄板の波板などが登場して、新しい村のシルエットを形成しつつも、概してかなりバラック風だ。

あの草の島に今なおどれほどの生活上のメリットとリアリティがあるのだろう。ただ観光客を呼びそれを生活の糧とする装置としてだけが、その存在理由ではないだろう。でももしかしたらそうなのかもしれない。人が素朴に持つ暮らしの水準からすれば、その環境はいかにもつらく厳しすぎはしまいか。

これらの島や村の遠い成因は、かつて南米大陸に上がったスペイン人たちのすさまじい

草の島の集落

破壊的で暴力的な支配から逃れようとしたボリビアの人たちによるものだとも聞く。たしかに一帯に大きく広がる葦草の原は、少し遠く離れると家々の存在を消し（今は観光用に目立つサイン：土地の守り神だったピューマや魚の形のシンボル塔などがあるが）、そこが陸にもそう遠くない位置の巧妙な「隠れ里」であっただろうことが分かる。

でも、なぜそこまでして？という疑問や、たとえばその家の造りに見る不備は、これが一時のことでなく数百年という暮らしの中で培われてきたことであれば、厳しい気候に対する何かの工夫がなかったのかという素朴な疑問が湧く。現代人であるぼくら、という以前に、たとえば日本のルーツに見る穏やかな環境からは計り知れない恐怖や逃避への力が、それらの改善への意欲も抹殺してこうした場面や状態を生んだのだろうか。あるいは、ただただ悪条件をものともせぬ体質やその風土の中で培われた体力の差なのか。

別の面でいえば、この島は明るい。

遠くからこの島に近づいたとき、まぶしい陽光の中でこの草一色の島は黄色く輝いて見えた。

車座に輪を描いて草の床に座る大人たちのまわりを、幼い小さな子供たちが喜々として動きまわる。日本の農村の秋の刈り入れのとき、一面の藁草が地をおおい、やわらかな眩しさが一帯に広がるあの平和な風景の感覚とそれは近くもある。

また、数日を過ごしその島を船で離れるときの、遠ざかると共にそこにひとかたまりの人々の集団がいることへの強まる感得。

強いてそちらの方に思いを向ければ、人が住むこと生きることに伴う原感覚とでもいう

ようなもの。ひとりで生きるのではなく家族や集団や共同体に心のよりどころや安心を見出すもの。もともとのその成因の背景にはぼくらの想像を越えた恐怖があったのかもしれないとしても、肉体的な厳しさにも勝る身を寄せ合うその共に住むことの安心の感覚が、あの特異な草の島を生き長らえさせたのかもしれないとも思う。

それは全くに特異な存在ではあれ、それもひとつの、人間の生き住むことの訳の証なのではないか。そこに思いを向けることで、この柔らかな島の成因やか弱い家の、物の強度ではない別種の存在の強度やその理由が、かすかにだが分かるような気がする。

2 場所の生成／空間の区分

空間のやわらかな区分

この稿のテーマは住まいの間取りを考えることです。

昔から使われているこの「間取り」という言葉は、一般には部屋やその位置の関係をあらわす素書きのようなプランをいいますが、少しその言葉の意味に考えを向けると、なかなかに興味深いものがあります。

「間を取る」……、それは間《ま》（部屋）を分けることを基本としながら、また文字が示す通りの間《あいだ》を取ることであり、そのひと言の背後に人が「間合い（空間）」に持つさまざまな意味合いや状態が浮かんでもきます。

今回は、そのような間取りの奥の意味に目を向けて、仕切る、区分するといった場や空間を成立させる背景を遡《さかのぼ》り、私たちが空間をどうとらえ建築が人の領域をどのように象《かたど》ってきたのかを考えてみたいと思います。特にその点で私たち日本のかつての空間に見届けられるやわらかな場の区分法やその仕組みを中心にし、今日のデザインとのかかわりとあわせて考えながら、そのことで住まいの間取りが、ただ固い部屋割りとしてでなく、人と空間のかかわりとして、柔軟にとらえられる一助になればと思います。

陰の力

あるとき、新聞をめくっていて一枚の目を惹く写真に出会いました。大樹が落とす黒々とした陰の中に、大勢の人たちがひしめくように集まっている情景を写したものです。新聞の粗い印刷が、光と影の明暗のコントラストをより強めていたのでしょう、木の陰は明確な場所の輪郭を形づくるものとして見え、陰が人を引き寄せそこにひとつの場を作る力にあらためて気付かされるような、それは場面でした。

そんな木陰の場面でもうひとつ頭に浮かぶのは、南の島の浜の木陰に憩う男たちを写したもの。南の強い太陽のもとで、さえぎるもののない海からの微風を深い木陰が受け、いかにもゆったりと時が過ぎて行くようなシーン。漁のない時は男たちはそうして日がな一日を過ごすという添え書きにうらやましくも思え、木陰の空間がそうした場所としていかにも生きていることに想像が向くものでした。

深々としたものの陰。そして体や周囲の一帯から湿り気を取りはらう風のそよぎ。場所に関わるそうした心地をひとつの快適さの理由に置くとき、そこにひとつの空間的な原形がおぼろげに浮かびます。あえて説明するまでもなく、日本の住まいの昔からの空間がそんな陰のかたちを原形として、さまざまな美しい細部や場のしつらいを織り上げ洗練させてきたことに思いが及びます。

空間の濃度と場所の暗示

これもだいぶ以前のことですが、何もない空間に一度は実際に身を置きたくて中国の西の大きなタクラマカンの砂漠に入ったことがあります。あまり勇気も装備もこちらにはないことで、その時はただその周縁をしばらく巡ったにすぎませんが、それでも乾いたその世界にしばらく足を踏み込めば音のないただ砂の大地のうねりだけが続く空間に居て、不安なことといったらありません。点々と砂地に付いた足跡だけが自分が今来た方向を示す

①
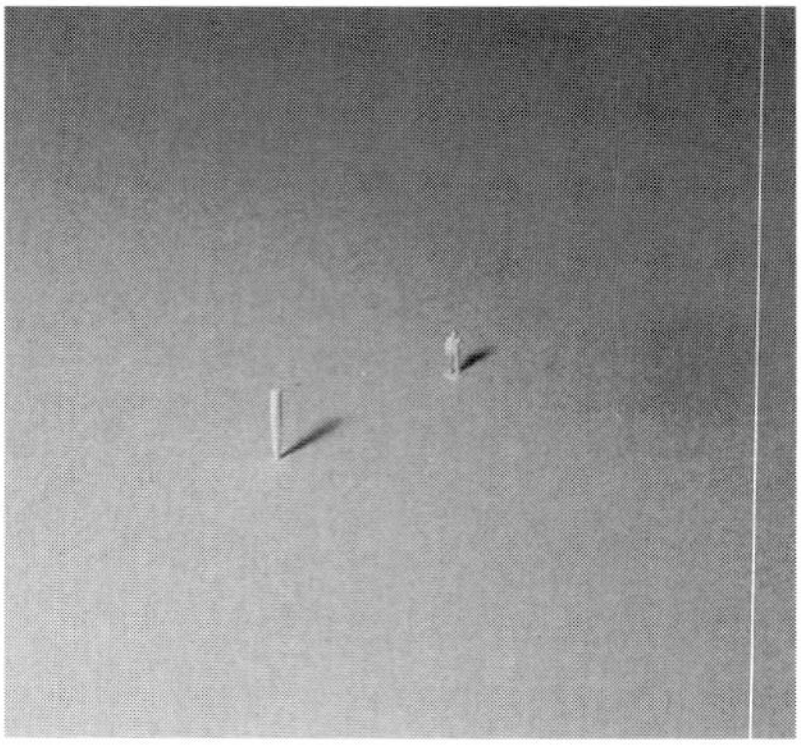

②
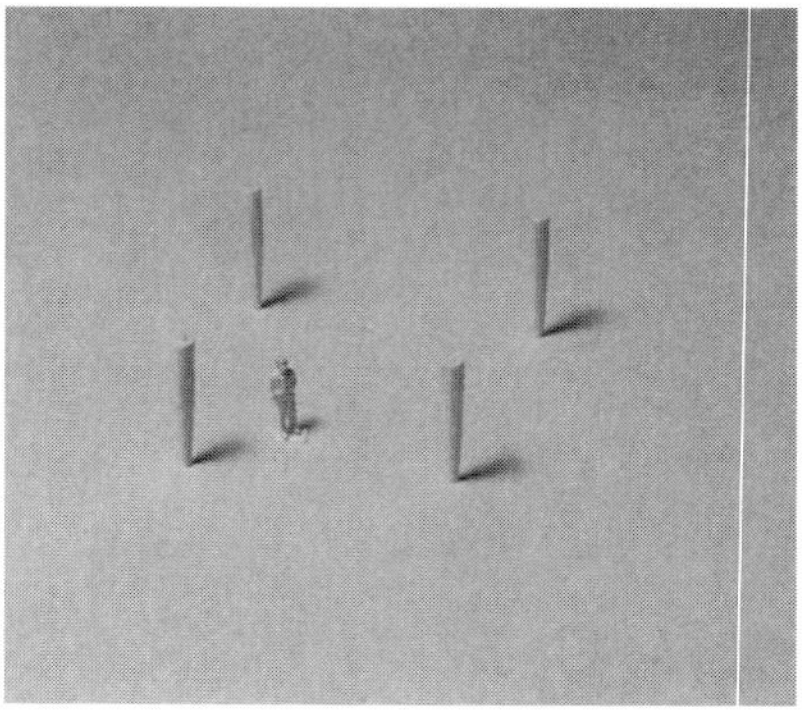

③

④
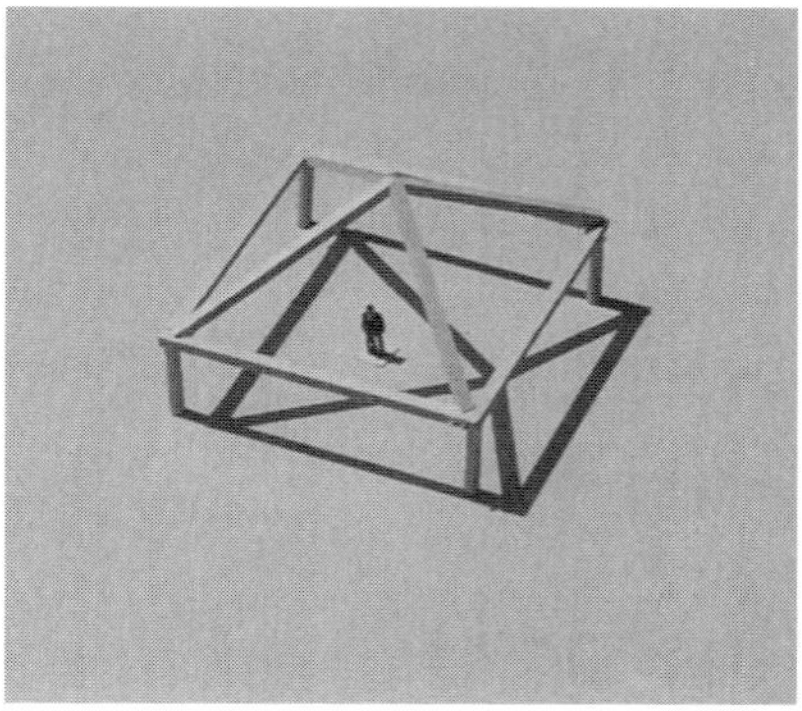

唯一の指標で、もしも一陣の風にそれが吹き消されれてしまえば方向の感覚もすぐさま失ってしまいそうです。その時、遠くに小さな何か気に掛かるものを見つけました。

近寄ってみればそれはもうすでに風化しかけた、でも明らかにかつて人が築いた小さな土の塔で、後でそれは昔の狼煙《のろし》台の跡であったことを知りました。一帯はかつて絹を代表とするさまざまな物資が行き交う道・シルクロードが刻まれていた地帯で、その権益を巡ってまことに激しいその支配の攻防が繰り返されたところです。その狼煙台は敵の襲来やその他の伝令を遠くの味方に飛ばす装置として築かれたものであり、目を凝らせばはるか遠くにも別の小さな突起が砂の滑らかな地平線上に見えるのでした。

およそ何もない広漠として乾いた空間の中ではそんな人の刻んだ行為の跡も奇妙に懐かしく思え、また、一帯の砂と空ばかり写真① 無の地平の中の一本の柱。位置の指標やそれを基点にして得る距離の感覚。そしてなによりも天と大地をつなぐ精神の支柱。

② かすかな囲み。広漠とした無限定の世界に持つひとつの了解された領域。とりとめない周囲の不安と、枠取られた場の持つ安心。

③ 増した囲みの感覚。それは「私の場所」としての認知の色濃さでもある。それはまだ暗示的なか弱い空間にすぎない。

④ 囲みと覆いのフレーム。漠然とした広がりの中に獲得された明確なひとつの人の領域。

の無の地平の中でそれは明らかな位置の座標や場所の指標としてあることにとても頼もしさを感じました。そのような実感を持ったのははじめての経験ですが、そこで受けた強い感覚は、ふだん幾重にも保護されて眠ってしまった場所や空間に関わる本能的な感知の何かを、少しばかり呼び覚まされて持ったことだったのでしょう。

そんな何もない空間の中では、たとえば、たった一個の石ころも一本の棒きれも私たちにとって大事な位置や場所の拠り所として働くように思います。ただの数本の柱に囲まれた空間（写真②）も、その周囲のとりとめもない広がりの中では明らかにその場所としての色濃さが違うように感じられます。たぶんそれは私たちの心理に根差す空間のある種の約束事の習いによってひとつの囲いとして感じられるものであり、あるいはまた周囲にとりとめなく広がる空間の中にかすかに秩序づけられて自分のものと感じるある範囲を示すものでもあるのでしょう。その囲いの感覚は柱をつなぐ線材（写真③）によって、また、上部に交差する線が覆うかたち（写真④）によっていくらかの場所としての色濃さを増して行きます。それが実際に人の場を保護するものとしての力を持つかといえば、それはまだまことにか弱いただの暗示的なものにすぎません。事実ここに記した砂漠のような過酷な環境の中では、その自然の条件の上でも、また、その長い歴史にみる民族間の破壊や暴力の激しい繰り返しの上でも、それは身を護る確かな空間と呼べるものではないことは明らかです。ですから、ここで記した砂漠の経験の話はひとつの空間的な無の地平の比喩として受けとめてくださってよいのです。

今ここに記した、例えば柱が囲むかすかな場所の感覚とその芽生え。それはその環境の

⑤

⑤　堅固な囲みを持つ空間と、床や覆いが暗示する空間。屋根と床が生む磁場の強さに囲みとは別の空間感覚がある。そこを抜ける風。

背景にこれをひとつの場所として認める約束事やこれを共有するセンシティブな感覚があってはじめて確かな場としての意味や力を持つことになります。強い実体というよりもこうした暗示的な存在による空間や場所の芽生え。このことに最初に記した陰が持つ快適な居場所としての心地やそれが持つ空間としての力を重ねる時、まことに特異でもありまた魅力に富む、場所や間取ることに関わる多様な作法が見えてきます。

覆いの暗示

陰の持つ力、そして風の通り。なぜそこまでにと現代の私たちの感覚からすれば怪訝に思えるほどかつての日本の空間的なしつらいは空気の流れを閉ざすことを忌み嫌い、固く壁で閉じることを避けてきました。そこに内部の感覚としての確かな空間が無いかといえばそうではありません。

次頁の写真⑥は奈良の法隆寺に近い慈光院の書院の空間です。その場所は里を見遥かす小高い丘の上にあって、その周囲を大きく吹き放った内部の間はただ深々とした屋根に覆われた一種の影そのものといってよいようにも思われます。ここではっきりとした内部と外部を分ける仕切りはなく、もちろん強い嵐の時などは戸を引いて部屋を閉じるわけですが、その空間が最も美しく特徴的にあるのはそれが庭や遠くの風景への自然な連りにあることはいうまでもありません。

その内部の間がただ無性格にあるかといえばそうではありません。その座敷の奥に座ればただ外にいる時のとりとめない場所の感覚に比べて、やはり気持ちの安定はなにがしかの空間の内部感覚によって満たされます。それをここで生み出しているのは床を縁取る縁

⑥

や、そしてその空間を覆う天井の幾重もの縁取りなのでしょう。壁でしっかりと囲われることのない空間に内部の感覚を持つというのは不思議なことですが、そんな暗示的なかたちが持つ場所への力もまたもうひとつ不思議な存在です。

もう一つの写真（⑦）はそんな覆い（天井）が場所の性格を暗示的なかたちで分ける特異な例を示しています。この模型は京都の山崎の地に今も残る千利休の茶室・妙喜庵の待庵の天井の形をその外から見たものです。

ご存じの方も多いとも思いますが、その待庵は秀吉が山崎の合戦にのぞむおりの精神的な休息の場として利休に命じて造らせた茶室で、それはたったタタミ二畳しかない極小の、しかも美しい空間です。正直にいえば茶道に疎い私にその空間の神髄が分かることではないのですが、今ここで言おうとすることはそんな小さな空間に、この場所でのふるまいに応じた区分けがあり、その区分けを天井の形が暗示するかたちで肌理細かく作られていることへの驚きです。具体的にいえばその二

⑦

⑥ 慈光院の書院の間。周囲を吹き放つその空間に内部の感覚を持つのは深い覆いの陰や床の広がりを幾重にも取り巻く縁取り。

⑦ 利休の茶室・待庵の天井構成を外部から見た模型。わずか二畳の空間とその周辺に仕組まれた、場の違いを暗示する天井の種別。

畳の空間の天井は床前と点前の座、そしてにじり口の三つに区分され、素材や形を変えてそれぞれのふるまいの場所を暗示しています。

少し付け加えれば、茶の作法やそれに伴う茶室という空間は、今にあるそれと例えばこの待庵に見るものとは明らかにその背景としての状況が違って、戦いの生死を分ける状況にいる男たちの研ぎ澄まされた感性に想像を及ばせてこそ理解できるものなのではないかと思います。そんな中でこそ微妙な空間的なしつらいが強く感覚を左右し意味を持ったものだったのでしょう。

待庵の極小空間における例はまことに特別なものといってもよいでしょうが、このような空間を覆うものが暗示する場の違いは日本の空間の多くに見られることで、それが一目で分かるのはその平面図と天井の図（天井伏せ図）を並べて見比べた時。いくつかの大小の部屋に間取られた平面図は、多くの場合ただ単調に畳の数の違いこそあれその空間ごとの性格の違いは一目では読み取れません。一方天井の図はずっと複雑で部屋ごとにさまざまに違う意匠を持つありさまが見て取れ、その二つの図はまことに対比的です。

あの桂離宮などもその全体をこうした二つの図で見返して見ると、その空間が次々と連なりながらそれらを覆うものの個々の異なるかたちの暗示によって、場の性格が多様に織り込まれていることをはっきりと見て取ることができます。

床の暗示

空間を覆うものが示すことと同じように、場所を暗示的に区分するもののもうひとつに床面の構成があります。前項で、平面図にあらわされる日本の間が同じ畳ばかりが並んで、まことに単調だと書いたばかりですが、実はそうとばかり言えません。それは内部の畳の間にのみ目を向け、しかも図の中などで感じられる均質さで、実際はその周囲を幾重にも囲む縁や外縁、また深い軒の下に仕組まれたさまざまな生活上のしつらいなどを含めれば、その表情は実に豊かです。

次頁の写真（⑧〜⑪）は書院の形式をもつ空間を中心に、そのような床面の構成に注目してこれを単純な模型にしたものです。そのきっかけは若い人たちと空間デザインを考える上での一種の遊びとして短時間に作ったものですから少しばかり強引な単純化がありますが、その分くっきりとその特徴が浮き彫りにされてもいます。

日本の古来の木造建築には概してたくさんの微妙な床の段差があります。それは時には煩わしく思えるほどで、基本的にそれらは実際的な雨や水に対する仕舞として、またそのことにも関わる部位の組み立ての構法的な意味合いをもって形作られてきたものと思いますし、同時に、それが場所の役割を微妙に節分ける役割を果たしてもいることでもよく知られるところです。

そんな美しい例のひとつに大津にある光浄院の客殿（写真⑫）をあげることができます。南の斜面の立体的な庭に向かうこの書院は、池の水面から落縁、広縁、そして座敷へとそれぞれわずかな床の段差を持って空間が内に連なり、またその内部の座敷の奥にはこれも一段床の上がった小空間としての書院があります。この建築のそれぞれの場からとらえる

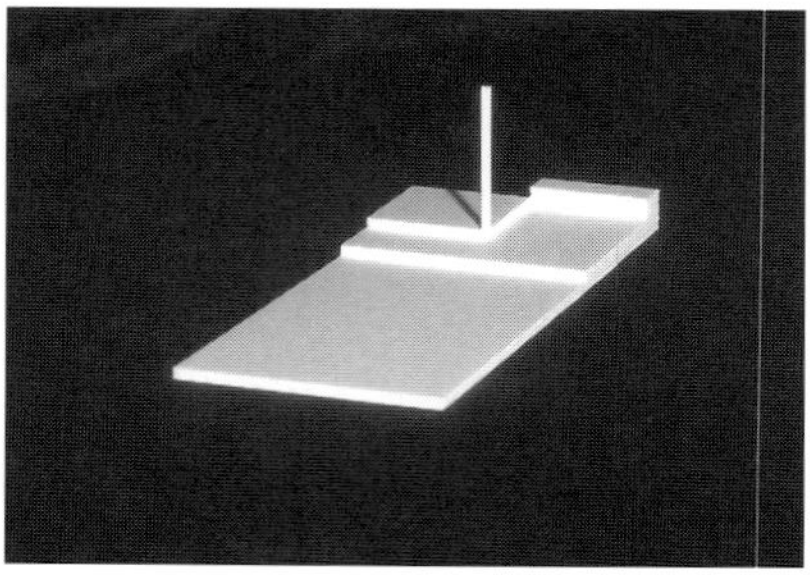

⑧

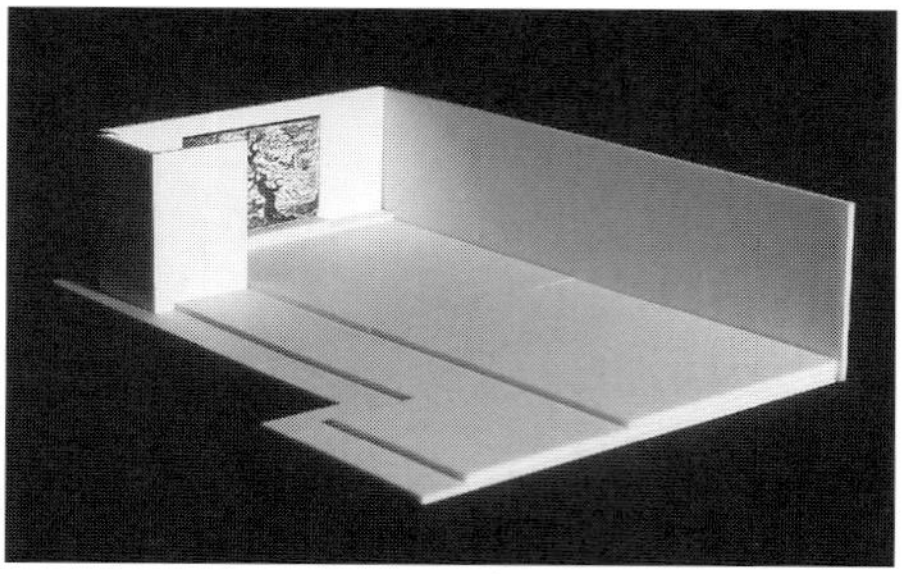

⑩

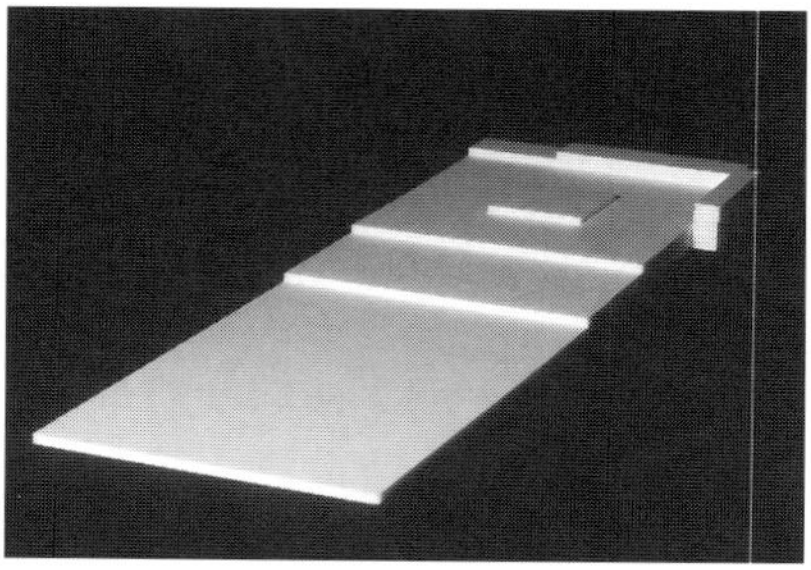

⑨

⑪

立体的な庭の風景はとても美しく、その窪地の地形的な特色と共にここでは庭と内部はむしろ一体の空間であることが強く感じられ、そこにある床面の微妙な差の構成がいくつかの場を暗示的に分けているのを見て取ることができます。その模型（写真⑩～⑪）は縁と座敷の間の建具（遣戸）や内部を分ける襖なども割愛していますからかなり強引な抽象ですが、床のレベルが流れるように空間をやわらかくつなぎまた場所を分ける状態がわかります。流れるようにといえば、これも単純な模型にしてあらためて気付くことですが、この空間がこれらの床面や床の間や違い棚の構成を含めて、いかにも重心の低い水平の線を大事にしているかがわかり、その場所に安定の感覚が漂う理由がそのようなことによっていることを知ります。

こうした床面の段差がもっぱら内部にあって仕組まれる例は、もっと格式や人間関係の序列に厳しい場面に多く見られます（写真⑧～⑨）。そのうちの一つ（写真⑧）は利休の聚楽屋敷の九間のその構成で、これは現存するものではなく考証の図をもとに模型

⑧ 利休・聚楽屋敷の九間。上段の間にさらに上上段の座を組み、一本の柱を立てることで場をより強く区分する。(復元模型)
⑨ 大仙院・方丈。格式、権威、上下関係の序列に使われた床の段差。わずかなレベル差も床座の目の高さからは大きな効果を持つ。
⑩・⑪ 光浄院客殿の段差を持つ床の構成を示す模型。庭から落縁、広縁、内部の座敷へと、床の段差が場を軽く分節しながら空間を連続させている。広間の奥のさらに一段上がった小空間(書院)が全体の広がりの中に小さな囲みを作りコーズィーな場所の感覚を生む。
⑫ 光浄院客殿

⑫

化したものですが、奥の上段の間には上上段の間が組まれ、この段差の持つ場の心理をたくみに起用しながらさらにそこに一本の柱を立てることで場所の差別をより強く暗示している興味深い例のひとつと言えるでしょう。それはかつて強い意味を持って背後に有効に働いた時代の状態を外しても、場所を形作るひとつの方法として今も私たちの感覚に働きかけるものがあるように思います。少し付け加えれば、これらのささやかな段差が心理的な力を発揮するのは床座の低い目線や上足のナイーブな感覚がもとになっていることは明らかでしょう。

距離の演出・場所の関係

このような空間を明確に分けずに個々の場所の特性を確保する方法として、そのもうひとつにはその間にある距離の感覚をもとにする場合やその経験の問題があるように思います。次の写真(写真⑬~⑭)はそれぞれ実際の距離においてはすべて同じ位置にある二つの地点(女の人と椅子)をさまざまな方法によって関係づけたいくつかの模型です。説明する

⑬　広がりの中の女と椅子。そこに特別な関係はない。

⑭　床に結ばれた二つの位置。緊密な関係の中で二つの距離の感覚は大きく変わる。

⑮　壁に仕切られゲートに結ばれた二つの場所。仕切られ、あらためて結ばれることで生まれる場の関係。

⑯　複雑な経路で結ばれた二つの場所。女はさまざまな経験を経て椅子に至る。二カ所間に生まれる空間と時間。

⑰　それぞれの性格を膨らませて場所化した二つの関係。ゲート、経路、そして椅子のあるルームという空間の経験と機能の分節。

⑬

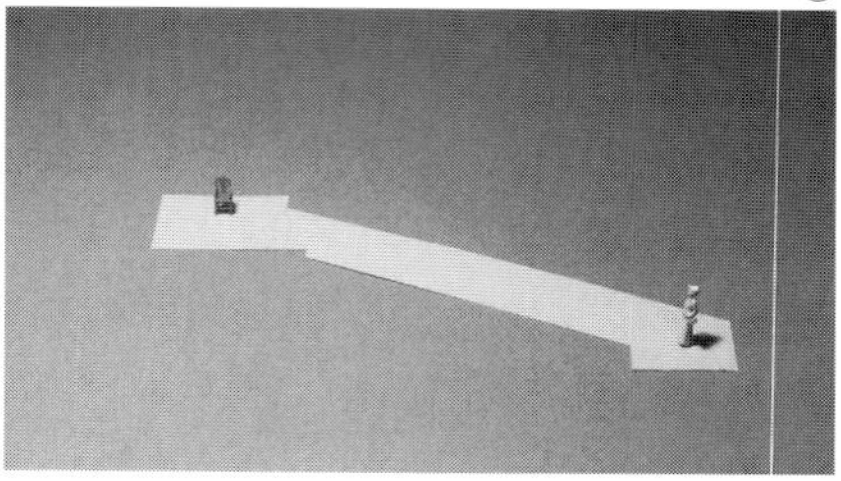
⑭

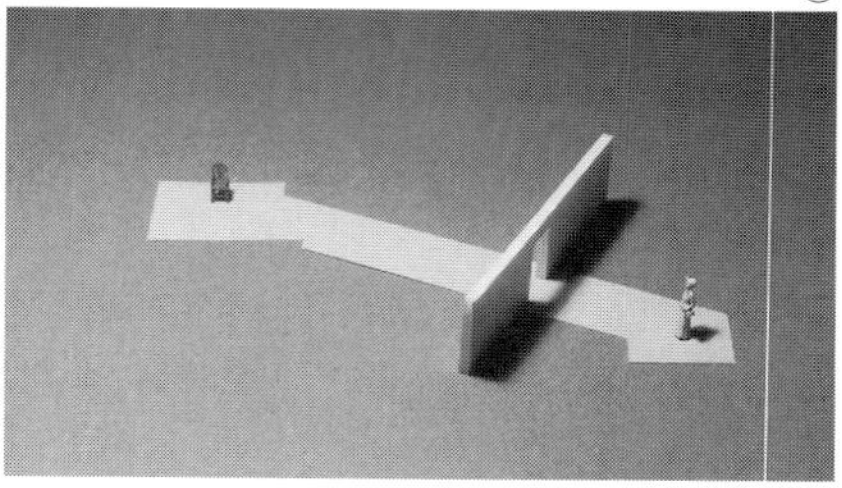
⑮

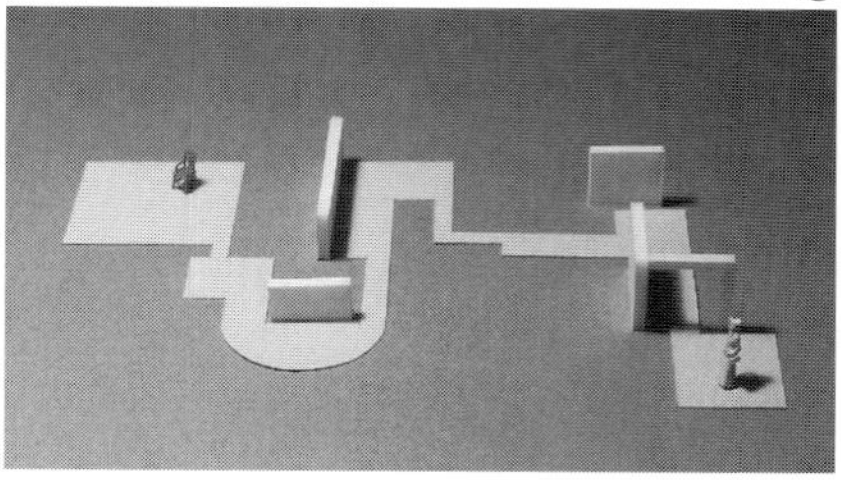
⑯

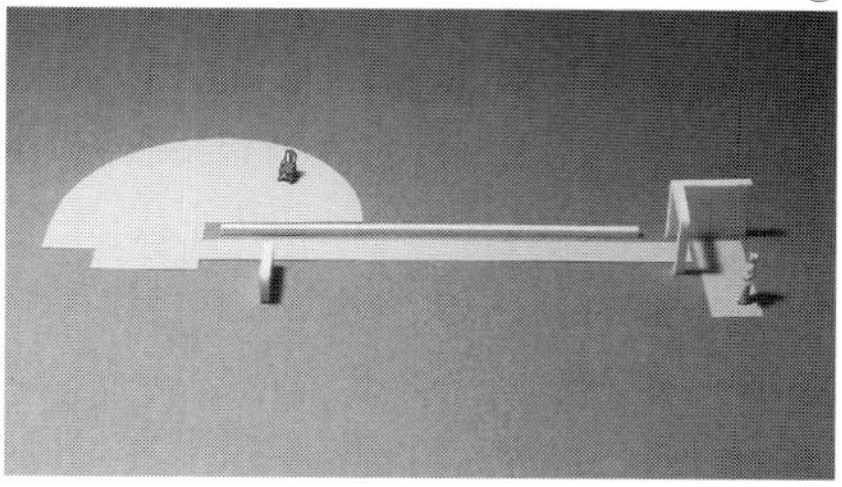
⑰

までもなく彼女と目的の場所（椅子）はこれをストレートに強く結ぶ（写真⑭）ことも、またその間にいくらかの手続きを組むことで遠い関係にすることもできます。その二つの場所の関係は、空間的な座標（位置）の上では同じでもその間の経験のかたちによってはまったく違うものになってしまいます。そこに空間という間と時の間、すなわち時間の問題が加わってきます。

　京都にある裏千家の茶室とその庭はこうした空間と時間の持つ人の経験の仕組みを実に巧妙にデザインした好例でしょう（図⑱）。ここでは直線で結べばそう遠い位置関係にあるわけではない入り口（門）と目的の場所（茶室）の間にいくつかの要素を置くことによ

⑱ 裏千家・アプローチと庭内配置図。一見複雑な経路は時と場の経験の巧妙な仕組みであり、限られた空間の中での距離感の演出。

⑲ 同・中潜り。結界の役割、気持ちの転換、そしてその開口に選び取られた庭のあらたな視界と風景。

⑳ 結界石（関守石）。ここから先立ち入り禁止の符号。約束事の背景の中で明らかな空間的な力を持つ小さなひとつの石ころ。

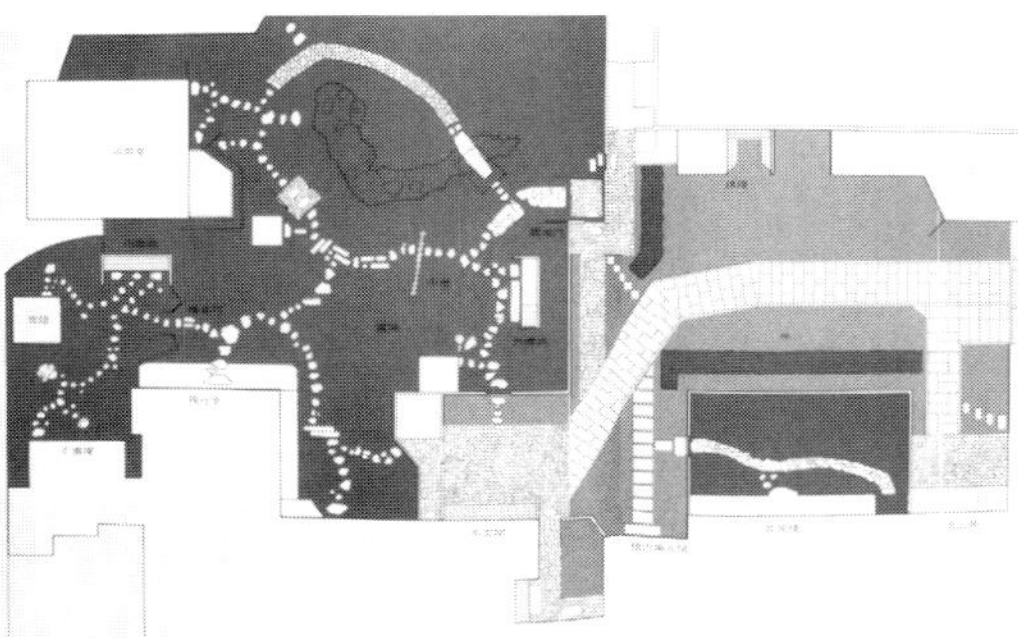

⑱

⑳

⑲

って人の空間や時間的な経験を実に豊かなものにする工夫が施されています。門を入り、跳び石を伝って客は外の腰掛けで一時を待つ。足元に注意を向けなければならない跳び石も目線をそちらに誘う仕掛けでもあり、またそれをたどる時間の演出でもあるでしょう。さらに中潜りと呼ばれる庭の中の小門を抜けて茶室に至る。茶道に深く通じているわけではない者の説明はそんな無味乾燥なものになってしまいますけれど、二つの場所の関係が、その間の経験の仕組みによって変わることを示す例として取り上げて見ました。それはまた、ただ空間的な関係を演出することではなく、そんな過程を経て心を洗い、感受性の肌理《きめ》を細かくし高めることで茶を仲立ちとしての人の一期一会を深いものにする場のデザインともいえるでしょう。

これはその具体的な場所としていえば一般的とはいえないまことに特殊な例ですが、建築やその空間を人の経験のかたちに結んで仕組もうとする時、ごく普通に考えることのひとつでもあります。再びこのことの説明として前に上げた二つの場所の関係を示す模型の事例にもどれば、写真⑰はこれをいくらか建築的な構成の場面に組んだ例ということができると思います。でも、そのかたちは無限にあり、何が的確な答えかはもっとその状態の実際的な必要をとらえてでなければ判断することはできませんが。

「間取る」ということ

間取りの話をするのにずいぶん遠回りにそのことに関係するいくつかのことを記してきました。特にその空間のありように関してはよりあいまいな、また現代においては不思議に思えなくもない日本の古くからある場所の規定の仕方のいくらかを例に取り上げてきました。そのことについてはもっともっとたくさんの魅力的な方法や意味の世界がまだあるわけですが、総じてそこにある場所のかたちはただ物理的な空間の性質としてあるのではなく、その背景にある見えない約束事を共有することと共にあることといってよいでしょう。そのような話をここに記した目的はもちろんそうした古来からの知恵や方法に即回帰しようということではなくて、間取ることが空間を区分することと同時に、その区分の仕方にさまざまな人や場所の相互の関係があることを見据えたいと思うからです。

ここでも記してきたように、もしも場所に関する約束事がその背景としてしっかりとある場合は、かすかなそのことの印もそれらの空間や場所を人の居場所として支える強い力を持つでしょうし、例えばひとつの住居を考える場合においても、家庭や家族の中のそうした約束事の有無によってはずいぶんとその空間のかたちは違ってきます。もちろん人はその空間の原点としてしっかりと保護され囲まれた場所に対する憧れや安息の感覚を持つものであることは事実であり、ここにはそれと対照的なあいまいな輪郭を持つ空間ばかりを例に掲げてきたのは片手落ちといえばまさにそうでしょう。また、ここに掲げた例はすべて十分な空間的な広がりやその環境の中であり得るものであることを考えれば、現代の私たちの都市的な現実の中でそれらが即有効な方法として引き継がれるものでないことももまた事実です。

最初にも記したように、この稿の目的は「間取る」ことの意味をとりあえず少し遠くからみること。また、多岐に渡るその空間的な区分のありようを、それを成立させる背景とともに考えることを目的として、そのやわらかな区分のいくつかを例に取り上げてみました。

（『コンフォルト・31』１９９８年）

空間と場の区分の二つのかたち…強固な壁と遠い距離

偶然からの思考

去年、そして今年と、思わぬハイペースでかなりな遠方に出かけて行くことになった。つい「思わぬ…」と受け身のように書いたけれど、その二つの場所のどちらにも、そこに向かう目的や意図はあって、ただそう立て続けに遠くまでの旅を実行できるとは思わなかったから、ついそんな感想になる。

その目的は「ほんとうにそうなのか?どれぐらいそうなのか?」と、まことに素朴な調査標題を付けた世界のプリミティブな民家形態を見届けることであり、その空間的な特性をそれぞれの立地場所の気候性との関連で調査することだった。きちんと説明をすれば、その素朴な標題の意味の正当さが理解されるはずだが、そのことは今は略すことにする。

ここにいくらかのことを記そうと思うのは、その調査目的の側からすればやや副次的な側に属することかもしれない。でも、ぼくらの建築やその空間性の原点を考える上では、そちらのほうもむしろ重要かもしれないという思いも少しはある。いずれにせよ、その二つの旅を契機として考えたことである。

去年はイランの砂漠に向かった。
今年はペルーの高地に行くことになった。
イランの場合は、その目的に関わる場所の選定について、一連の調査に取り組む初回だったからこちらが研究室の若い連中をまずは誘導した。ペルーの場合は、その経験の上で次の選定を彼らにゆだねたものである。

イランの乾いた砂漠の堅牢な造りの家々に対して、次に彼らが選んだのは遠くペルーの高地の湖に浮かぶ草でできた島と家だった。そこには最初のイランの住居に対する強い対比性がおのずからの選定の意図としてはたらいたことだったろう。実際にもその見届けた二つの結果は、建築の意味のくみ取りを混乱させるほどに強く対比的だった。

だから、その経験からの思考を偶然のことというのは少し違うかもしれない。むしろ予測されたことという方が正しいのだろうけれど、でもそこからの建築をめぐる思考や疑問は、その両方の場所を訪ねての経験とその結果から始まったことである。それはぼくらの当初の想像や予測をはるかに越えてもいた。

プロテクションの優位

この世界の民家空間の調査に取り組むにあたって、当初いくつかの問題と予測を立てた。ひとつは、当然のことながらそれらのプリミティブな住居のつくりの特性は、ただその土地の気候環境からのみ決定され形作られるのではないということだ。それぞれに見る場や空間の強度は、たぶんそこにある(あるいは、かつてあった)さまざまな不安の強さに比例するとも考えられるし、気候的要因はその中のひとつに過ぎず、たとえば敵対する人の関係や民族間や社会間にある闘争的な険しさの度合いのほうが、それらの空間の強固さや開き閉じのありようをより強く支配してきたと言えるかもしれないこと。

また、そのつくりが土地の気候に適いそれに応じた固有な快適さを生んでいるという見方そのものが、人間の持つ環境への適応力の幅広さや、多くの場合の過酷な条件の中で生存のギリギリをカバーする役割を持ったであろう民居という対象に対しては、適当であるかどうかという問題もある。

そうした取組みの意図と不安を抱えての実行前の予測や仮説は、この二つの場所の経験の中でも困ったほどに実際のものになった。

イランにおいてはその前段のことが、そしてペルーにおいては後段のことが、予測をはるかに越えるかたちで実際にあり、二つのまったく異なる空間性をもしも問題として関連づけるとすれば、まずはそれぞれの住むこと生きることの場における「プロテクション(防御性)」についての考察が先にあり、また場や空間の主たる成因においてもそれがもとになることのように思われた。

プロテクションのかたち…二つの「トーソー」

その二つの場所のまったくに違う経験をつなぐものは何だろうとあれこれと思いをめぐらせている中で、ふと「トーソー」という言葉が思い浮かぶ。

その「トーソー」は、「闘争」と「逃走」。

やや言葉の遊びに近いかもしれないのだが、一方は「闘い守る」こと。もう一方はひたすらに相手と距離を取り「逃げる」こと。それはプロテクション(防御)ということにおいての、一方は「正のかたち」を、そしてもう一方は「負のかたち」をあらわすものでもあるだろう。そこにこの二つの対比的な場のありようを分け、またつなぐものがある。

イランの乾燥地帯に見届けたその原空間性とでもいうものは、あらゆる場を強靱な壁で

閉じの強い家・ヤスド

強い囲み

イラン・ヤスドの民家

固め囲むこと。それは単に人の場においてだけでなく、人の意思と結びつく場の一切が、例えば畑地や木々の群すらも、かつては固い囲みの中でのみ存在し得たのかというような風景の強い印象がそこにはあった。生や潤いは守りの堅い囲いの中にのみ守られてあり、その境界の外は荒涼とした無機質な乾きが続く。

一方のペルーの高地・チチカカ湖上に浮かぶ島（アイマラ島）は、物の力という点でいえば、ぼくらをすっかり戸惑わせるほどに、あまりにか弱い不安定なものだった。トトラ（日本の葦の類）の根を幾重にも束ねその上を同じ葦草で覆ったその島は、実際に湖面に浮かび、人ひとりの動きにも島は反応して小さく波打ちもする。その上に軽い葦の小屋が、建つというよりも、乗っている。そして当然のことながら、その小屋も島とともに揺れるのだった。

建築が堅い大地に建つこと。それゆえにある種の安定の表象として、人たちの心の中にも確かな核としても存在してきたことからすれば、それはそうした存在からはあまりにも遠く外れている。たとえば移動する軽い住居の代表例としてはモンゴル草原の遊牧民の家・ゲルもあるけれど、それとて環境は恵み多い確かな不動の大地だ。さらに加えて、その草の家のつくりは、その時の短期間の体験においていえば、夜の気温が零下にまで降下する厳しい気候に対して、ほとんど無力で無防備なものだった。

場の遮断性…強固な仕切りと、遠い距離

チチカカ湖の葦草の島とその村の成因は、かつてインカの文化の中に営々と生活を築いてきた人たちがスペイン人の凄まじい侵略と虐待から逃がれ、そこから遠くに隠れた里な

葦原の中を行く水路

のだという。実際にその一帯のいくつかの浮き島の存在は、船で近くに寄るまでは背丈のある広大な葦の草原にまぎれて、見えることがない。

イラン高原の砂漠の原空間に見る闘争的な強固な守りのかたちに対して、ここでは襲うものから遠く離れることによって守りを保つ。一方は強固に築かれた「物（壁）」により、もう一方は遥かな「距離（間）」を保つことによっているともいえよう。物と距離、壁と間。やや飛躍するけれど、このことは、建築における場の構成の原初的な二つのあり方に関わるものといえるかもしれない。

物が空間を仕切り、間が場所を分ける。その後者は、開放的な空間において場の固有性を確保するひとつの方法だ。大いに飛躍もするけれど、あえていえば、日本の古来からの開放性を持つ空間にも、そうした間合いが境のあいまいな場を保護していたことにつながるものがある。

空間や場の強度ということについて

ぼくらは建築が人の場に果たす確かなかたち、そのありようをいつも探す。この二つの旅もそうした効果やその根を探るもののひとつだった。

そのことについて言えば、イラン高原の乾いた砂漠に建つ住居の例は比較的わかりやすい。堅牢な物が築くその空間の骨格の強さが、人の場所の確かさと力を自ずと示してもいるからだ。

一方、チチカカ湖の水上に浮かぶ島の集落とその家々は、およそ物としての強さを持たない。草の小屋は軽く非力で、外からの力にもまた時の長い経過にも耐えられるものではない。でも、その姿そのままに島の集落も棲家のかたちも、長く引き継がれて数百年という時を経て来ている。もちろんその大きな理由は、他に行くべき場所や住処がなかったという外囲的な事情によるとしても、やはりそこには人を引き寄せる何らかの強い力があるはずだ。その二つのまことに対比的な存在は、ぼくらに人が住む場や空間の強度とは何かを考えさせる。

その点でこの草の島に見るのは、空間の強度に変わる場所の濃度、外周を囲む強固な物の力とは別の求心的に人を惹く内が持つ場の色濃さなのかもしれないとも思う。それはまったくの印象の側からの想像でいうしかないのだが、島はそれ自体が一つの家とも思える強い一体の感覚を持ち、かつての計り知れない外部者への恐怖や広大な自然への畏怖の中で、仲間たちがそこにいるという場への帰属の濃度こそが、長くその場所を存続させてきた内側からのわけなのではないかと考えもする。

数日を過ごしたに過ぎないその島を離れる時、遠ざかるにつれて湖上の一点になる島が引く強い郷愁に似た感覚の中に、そんな想像が広がった。

（研究室報告　２００２年９月）

空間の二つの透明性

視覚としての「抜け」、体感としての「風」

住まいの空間や場所の組み立てについてその初期のプランをスケッチしている時、いつもどこかに抜けを持つことをごく自然に考えている。他にわずらわされることのないしっかりと囲まれた場所やそんな空間の持つ確かさに心ひかれながらも、それを完璧に閉じ切ることには生理的に避ける気持ちがはたらいて、その構成の中ではいつの間にかどこかで空間的な抜けの道を探している。

例えばたまにアメリカやヨーロッパを旅する時、古いホテルや訪ねた家で経験するあの厚い壁でしっかりと囲まれた部屋の、それが旅の行きずりの一時ではあれ、ここが「私の場所」という強い明確な感覚は、それはそれでとても魅力的だ。その厳としてくくられた空間の中に、あえて言えば「私」の自由がある。そこには他からしっかりと守られた深い安息の感覚がある。

乾燥と湿潤の気候的な風土の違い。人のかたち作る社会的な慣習の差異。日本と西欧あるいはもっと乾燥度の激しい地域と潤いに富む日本のそれぞれの住まいの空間性の違いや、また、人的にも自然の上でも厳しく防御的でなければならなかった環境と温暖さや社会的な秩序の存在によって空間のルーズさが許容された日本におけるそのありようなど、その対比的なかたちと基本をなす空間のありようの比較は多くの人達によって語られもし、いくらかの体験に照らしてそのことに納得もする。またそれは、自分の持つ空間の構成感覚や場所に対する感受性の根を考える上でとても興味の惹かれることである。

かつての日本の住まいのかたちをひとつひとつ具体的にあげるまでもなく、総じてその空間的な特色をなすおおらかな開放性や場の区分構成のルーズさは、「風」すなわち「澱むことのない空気の流れ」を貴んだ生活の知恵と経験の蓄積の中から次第々々に形作られてきたものだ。この湿潤な気候性の中で、空気を澱ませることはたやすく物を腐らせ、それはまた人の心地をも腐らせることに連なった。

とはいえ、風をそれほどまでに貴び、風を閉ざすことがなぜそこまで忌み嫌われたのだろうと頭かしげるほどに、かつて見る私たちの住まいのかたちには執拗なこの工夫が見られ、そのことをもとにして固く閉ざすことなく曖昧でまことに特異な美しい空間や家の設えが形成されてもきた。そしてまた、人や家族の関係のありようも、生活の規範も、そのような音や気配もたやすく通す空間を日々のふるまいの背景として形作られもした。

かつてと今とでは、住まう環境も生活の仕方も大きく変わった。この固有な自然を基にする気候風土に都市という人口高密なもう一つの現代の環境風土が重なって、その二重の風土性やまた多重に交錯する各種の文化性の中で今また私たちは、あらためてそのことに適う住まいのかたちを探している。

最初に書いた「どこかに抜けを探す」ことの背景には、風や空気の抜けが生むさわやかな体感に気持ち寄せることと同時に、多分かねてからこの固有な自然や環境の中で蓄積されたそんなやわらかな空間の記憶や、またそのような空間が形作ってきた人や家族の関係のありようへの思いをどこかで引きずっているものがあるのだろう。このことは、ただ居住の快適さの問題やそれに向けた造作上の技術としてだけでなく、住まいの空間や生活の

ファンズワース邸／設計＝ミース・ファンデル・ローエ

場の総体にかかわるまことに多様で根深い意味を実は持っているように思われる。

ガラスと空気・二つの透明さの間

二十世紀の建築のひとつの結晶体ともいえるものに、ただ純粋にガラスの箱と呼んでよいような厳しくも美しい住宅がある。建築分野の人であれば知らぬはずのない二十世紀の巨匠ミース・ファンデル・ローエが１９５４年に北米シカゴ郊外の川べりに建てたファンズワース邸。四周を透明な6ミリ厚の大ガラスのみで囲ったその住宅は、重い石積みの歴史を持つ西欧の建築が、ずっとたどり続けてきた空間的な開放への希求とそれをようやくに可能にした新しい技術や素材との交錯によって到達した、その極限のひとつのかたちを示したものともいえるかもしれない。

少なくとも視覚的に見る限り全くに透明なその空間は、周囲を取り囲む林と一体となって、内と外の区分は水平な床と屋根の二枚のスラブと中央の設備コアが軽く暗示するにすぎない。その内側からの大きく外へ抜ける視界や環境との親和性は、和の空間が持つ深い軒下の広縁にいて見る戸外の風景ともよく似ている。だからその透明さや視覚的な開放性をもって昔からある日本の空間のかたちとの近しさを言う向きもなくはない。

けれどもそれは、明らかに「ガラスという壁」にしっかりと囲われ、閉じられた空間だ。空気と共に戸外とゆるやかに連続する開放性とも、それが生む場所の心地とも大きく違う。外気と連なる部分は、出入り口ともう一箇所のベッドのコーナーに付された低い窓だけだ。そこではガラスの「壁」が内外の空気をきっぱりと遮断している。

一枚のガラスに吸い取られた場所

現代の私たちの建築や住まいを、ガラスという素材とその恩恵を抜きにして考えることはできない。その空間のかたちにおいて開放的なという時、今それは概ねガラスという視覚的に透明な素材に囲われた場所の状態を前提にしている。その点で、四周の一切をガラスで囲われたミースの住宅はいかにも極端な例ではあるとしても、このガラス一枚の問題が私たちの住まいやその空間の形質を考える上においては、かなり微妙でありまた大きな意味を持つように思われる。

かつて日本の住まいの開放性を支えていたのは、内と外との境をなす深い軒や広縁だった。この外周を取り巻くあいまいな空間が、家の造作の上ではか弱い障子や薄い板戸を守り、またそうした覆いのもとに明確な用途では呼べない生活の多様な場面や場所の魅力を生んできた。少し大げさに言えば、生活の空間文化の魅力ある多くがこの深い軒下やその周辺にあったといってもよいかもしれない。

ガラスがそれを消した。

と言うのはやや極単な断定としても、透明な優れたその素材が、視覚的には開放的な空間との類似性をたやすく引き継がせる中で、風雨から守る深い庇やその軒下や縁を機能的には不要とした。環境的な土地の狭小化や家々の混みあいが、あいまいで場所の権利を明確には持たないそうした空間を削らせてゆくという事情もあるだろう。弾力性のある内と外の中間領域がガラス一枚の中に吸収された感もある。

京都の祇園の近くに「何必館《かしつかん》」という画廊ビルがある。その最上階に苔の小庭を囲む休息の場と茶の座敷がある。こう書くのは、ひとつの例としてここに述べた二つの透明性と

何必館最上階平面図

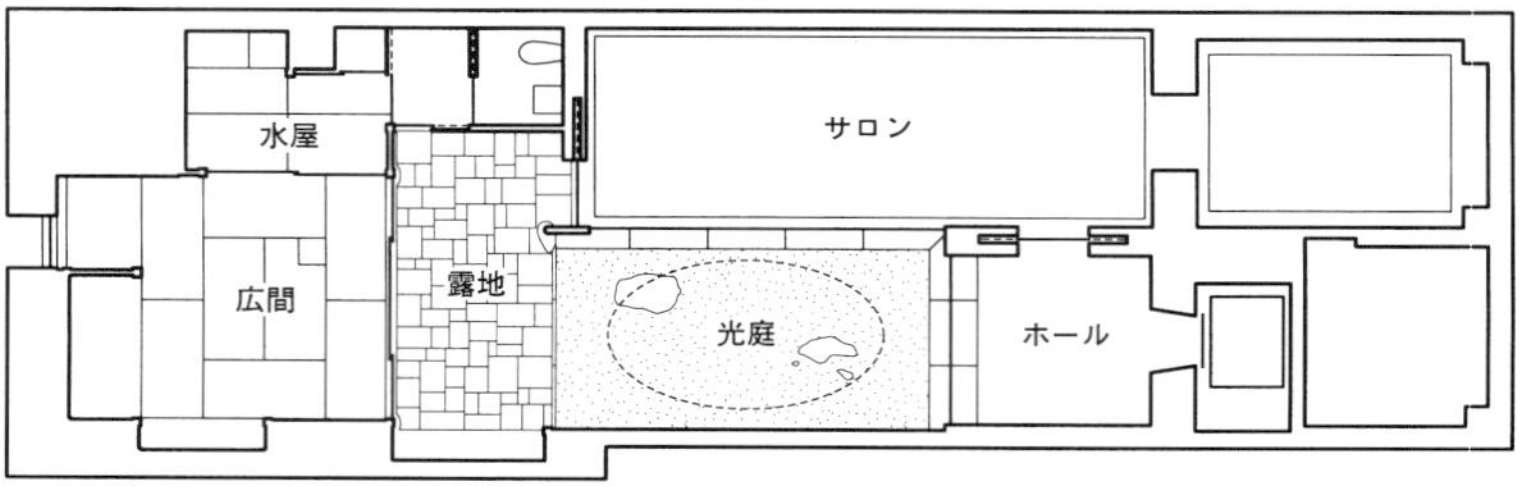

いう両様の場面と空間がそこに見届けられるからだ。

エレベーターの扉が開くと目の前に苔の深い緑と株立ちのカエデに出会う。透けた大ガラスが庭とホールを仕切り、その続きに同じガラスを境にして庭と向き合う休息の室がある。カエデの揺らぎが外にそよぐ風を感じさせ陽光や葉影を美しく見せるけれど、エアコンが施され透明な視界を持つその部屋に音はない。

その先にある厚い扉を開けると、奥に設えられた茶室前の露地空間に出る。街の音、空気の湿り、土の匂いが開かれた小庭から直に体を包む。深い庇に覆われた露地が苔庭と室内を分かち、またつないで、前室の透明で視覚的には無のようなガラスがいかに内外の空間を強く遮断していたかがそこでは逆に経験される。

これは話の流れの中で思い起こした一例だけれど、そんな二つの透明さを持つ空間、視覚的には類似し、けれども空気とガラス一枚の遮断性が生む内と外の関係において明らかに対比的に思える場所がそこにある。

内と外の境の意識、境のデザイン

現代の住まいを設計する上で、こうした内と外の境のありようにあれこれと思いをめぐらす。先述もしたように、それがいまガラスの恩恵を基本にし前提にしていることはいうまでもないことだけれど、ともすればその視覚的な透明さや透過性に寄りかかって、内と外の境に潜在している多様な場所の芽を切り捨ててしまうこともなくはない。

実際に自分の設計においても、かつては木の設えによって工夫の対象だったこの部分への意識が、アルミ等の金属サッシの一般化にともなってついそのアレンジの側に向かうよ

何必館

うな際に、すっかり薄れてしまっていることに気付くとがけっこうある。決してマニアックなこだわりやレベルでなく、ごく一般的な意味でも、工夫という手がかりをいったん失うとその周辺に存在する多様な場所化への目配りが遠のいてしまうということが設計という行為の中ではありがちなことだ。

現在の、厳しさを増す特に都市部や街の環境の中で、かつての和の空間に見るおおらかな外部との連続性や、内外の境・中間領域の余裕ある空間はなかなか望めない。それでもこの恵まれた固有な気候性の中で、住まいの自然な呼吸性を含めて、こうした内外のかかわりの多様さになお目を向けていたい。

そのような取組みのきっかけになるひとつが、今なお、あるいはあらためて今、風への目線かと思う。まことに素朴で当たり前のことでありながら、それが住まい内外のつながりの基本でもある。

風の復権、空気のデザイン

住まいと風のかかわりをその構成の上で考えようとするとき、その置かれた環境によって判断の仕方がさまざまに変わるのはいうまでもない。めぐまれた敷地や十分な戸外の広がりをその周囲に持つ場合と高密度な市街地のごく限られた空間や環境の中とではその対処に仕方はどうあれ違う。工夫が必要なのは後者の場合だし、またそれが今ある一般的な住まいの状況だ。

ただ、そのような場合に見定めようとする自然の風の向きは、それぞれの場所や地方によって意外に大きな違いがある。東京に住む私たちは夏の風は南から吹くものと思い込んでいるけれど、たとえば北の青森や山形の場合、その最多の風向は夏は北から、冬は南からと、まったく逆という。西の京都にしても夏の北東、冬は西からというふうに、同じ日本の中でも地域によってずいぶんと違いがあって、これに個々の環境の形が加われば、風の向きはまことに気ままといわざるを得ない。だからはじめての土地などでそれを的確に読み取るのはなかなか難しいことではあるけれど、そんな固有さを受けとめることが土地や場所ごとの住まいの個性を生むことを考えれば、それをもとにして住居の骨格を解くことも興味深いことである。

一方また、空間の骨格の組み方によっては風は受けとめるばかりでなく、生み出すことも可能だ。温かい空気、軽い空気、冷たい空気、重い空気、それらの空気間の比重差を埋めようとして起こるのが気流や風だから、それを生じるような空間の骨格を考えれば内部からある程度の風を誘い起こすこともできる。日本に限らず、世界の古来からの民家にもそうした工夫はさまざまな形で見届けることもあり、忘れかけている素朴な原理にいまあらためて教わることが多い。

住まい全体にかかわるこうした「大きな風」とは別に、「小さな風」と呼んでいい場面がある。生活の個々の部分や空間に対しての通気や換気だが、そう呼ぶほうが風に表情が感じられもしよう。特に匂いのこもりやすい台所や湿気の多い浴室など、あるいは個室にあっても他とは区分して風を抜きたい場合などもある。「小さな風」とはそんな場面についてのことである。

かつての住まいには実にたくさんの隙間があった。自然材の暴れや建具の狂いを通して否応なく内外の空気が通い、またそうでなくてもそうした素材自身が絶えず呼吸もした。それが家を腐りから守り長持ちをさせた原因でもあったろう。

これに対して、現代の住まいの造りに求められているひとつは高い気密性だ。住居の作り手や供給側も、こぞってこの数値的に比較可能なデータを謳《うた》い文句とし、その傾向はやや部分肥大に過ぎるところもあるけれど、だから隙間を我慢の昔の家がよいというわけではない。日々の活動の適度な快適さとのバランスにおいて、そのためのエネルギーの消費をおさえることは現代の大きな課題だ。

ただ、この高気密性をそのことに絞って追うあまり住まいが次第に閉鎖性を強め、その挙句にこうした処置をただ機械的な装備や操作に頼るというのでは話は主客転倒してしまう。冗談ではなく、国の建築基準法も、住まいのエネルギーの省資源化という大儀のもとにではあれ、閉じの強い住まいを前提にした機械換気の義務付けなどを、ばかばかしくも全国一律に定めたりしてもいる。

風は内外の関わりを考えるきっかけとしてのひとつの例である。

いま都市や街の中の住まいは次第に閉鎖性を強めている。それは主には多くの人たちが集まって住む上での土地の狭小化や、周辺との関係にも厳しさを増す環境がその要因でもあるだろう。そうした現実を受けとめながらも、なお家々が孤立した存在でなく界隈に所属し周辺と共にあるという中で、またこの固有な気候性の中で、内外の自然な関わりを持つ住まいのありようを探したい。

3 場所の骨格／構築された場所

居場所の骨格／F・L・ライト

昨年の夏、F・L・ライトの住宅作品をいくつか訪ねる機会があった。いままでにも一般に公開されているようなものの少しは目にしているけれど、今なお日々の生活の営まれているものに接するのは無理なことだったし、またそこまでの強い執着はなくて、あまり努力もして来なかった。

遠藤楽さんと南迫哲也さんが長年案内のお役をされた「ライトへの旅」が今回でおしまいになるかもしれないという。遠藤さんご自身から「もう、そろそろ…」とそう聞かされて、それは大変だ！といつもの鈍い決心にそれで弾みがついた。

そんなきっかけで、こちらにあまり事前の構えがなかったことが幸いしたのか、ライトの作の持つ大きさか、そんな機会のただそこに身を置くことに徹しられた経験に、遅まきながら強い印象を身に溜めることになった。それが「住宅というその形式」においてだったのか、住宅という空間のスケールや人の身近な振る舞いにおいて見届けることになったさまざまな「場所の確かな感覚」だったのかを、帰ってからしばらくの間反芻した。そのことについて迷いながら、それは多分前者のことを含みながらも、主には後のことについてであろうと、今は思うことにしている。

生き続ける住居

その訪問の中心だったもの。それらは1950年を前後して造られ、築後すでに半世紀の時を経ている。米大陸の大平原やその広大な大地から感得される精神に空間の想を得て取り組まれたプレーリー・シリーズの後、より庶民的な住居の理想をその形質においてライトが企図したユーソニアンハウスと呼ばれるもののいくつか。あまり壮大なものでなく、むしろ身近なスケールの今世紀半ばに集中するそれらに、そこに刻まれた場所のかたちやまた戦後の日本の生活型への影響と現在との関連を含めて、興味がぼくにはあった。

そのうちの、ライズリー邸もローラント邸も、それぞれ住まい手が若い頃にライトに設計を依頼し、時と共にいくらかの増築や改修を繰り返しながらすでに子供たちを巣立たせて、80歳を過ぎる高齢な夫妻が今も静かにそこに暮らしている。また、パーマー邸はちょうど何度目かの手入れの工事の最中で、モスバーグ邸にあっては、三代目にあたる若い孫娘夫妻が最近これを受け継ぎ、これからの家族生活のために傷んだ設備系やその他を今まさに直そうとするところだった。

このそれぞれは、名も質もF・L・ライトという自国の歴史的な存在を抜きにしては、その今に至るメンテナンスへの肌理こまかい気遣いを、また住まい方に見る形の持続性も、語れないこととは思う。決して高質とはいえない使用素材やむしろ簡易な部類の構法が今なおしっかりと人の居場所を支えているのを見届けた時のショックに、まず思われるのはそんなことではあったけれど、一時ではあれしばらくそこに居て、形式的な維持では決して得られることのないそれぞれにある場の充足の感覚に、住み手が持つ強い生活愛とその空間の一致について、あるいは住居という形に求められる意味のありかへの思いが次々と頭を巡った。

居場所の確かな骨格性

このいくつかの住宅が立地する環境は、今とても恵まれているように見える。ライトの企図した庶民的なということの水準の所在をアメリカの住居や住居地の一般に照らして言える知識はぼくにはない。ただ例えばライズリー邸の場合のように、最初はごく小規模な造りから始まり、そして成長して行ったその家の過程や自力建設もあるその作られ方から見ても、それは決して特別な生活上の水準のものではなかったのだろうと想像する。そのことにおいて特別なのは多分、住まい手が住居に持つ生活の場への「執着の水準」の高さの側にあるのだろうし、また、50年という時の経過とそこでの人たちの見届けの中で生い育った樹木や環境が、今その一帯の特別さを強く印象づけてもいたのだろう。

これらのいくつかの住居を訪ね、そこに共通して最初に優れて感得されるのは、やはり人の居場所に対する空間の、確かな骨格の感覚とでもいうものだったように思う。

それらが、それぞれの建つ固有な土地の形や環境に応じて、そのとらえ方や場の刻み方の個別性や多様さを見せながらあり、惹かれる場所とその居の重心と感じられるものがどこにもいつも決まってあった。それは、居間や食堂や何々のための部屋という場の役割の種別や空間のくくり方をその機能に絡めて見る前の、そういう頭の側の理解ではなくて、体をおのずから引き寄せてしまうような、空間の高低織り成されたリズミカルな姿であったり、片隅や居場所の形のディテールであったりした。

モスバーグ邸に見るもの

そのうちのひとつ、モスバーグ邸は、先に掲げたいくつかの住宅の中では、最も明快な

モスバーグ邸

構成を持っている。プラタナスの大樹を囲むL型のプランニングの秩序ある形においても、また北側の公道に対してはっきりとした守りの姿勢を見せる強いレンガ壁の姿からも、その構成は以前からぼくの記憶に鮮やかにあり、一度は見届けたいものの一つだった。

それにしても「写真では実寸はわからないもの」。道に立ってこれを目にした時の、最初にそう思った。

かつて写真で受けとめていたこの壁の持つ外部への強いプロテクションの感覚は、その実際のスケールの中では平たい優しさのある印象の方がまさってい、予想外に軽い。総じてライトの住宅作品は、そのプロポーションの巧妙さによって特に、写真は実のスケールをずいぶんと膨らませるようだ。あの超有名なカウフマン邸（落水荘）にしても、たしかに住宅としての総体はいかにも大きなものだけれど、その実空間は写真の伝える構成的な強さやスケール感よりも、はるかにぼくらの身体感覚に密着した親しみのあるものだ。

かつて夫婦と一人娘のために設計されたこのモスバーグ邸は、その骨格に家族構成にもとづく単純さと、そして空間においては多面的な場の表情や十二分な広がりを持って

モスバーグ邸

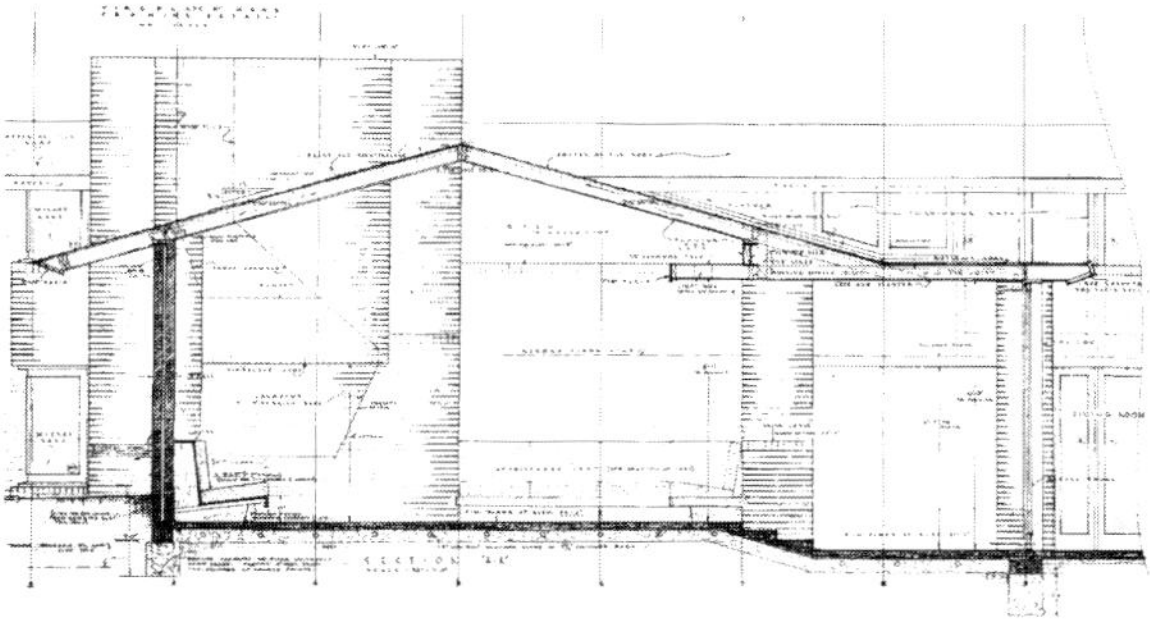

モスバーグ邸断面図

いる。プライベートな個室以外をほとんどひとつながりの構成とするその造りは、そのつながりの中に場の役割を特定する以前の空間原形としての凹みや囲みやコーナーなどのいくつかの人の居場所の重心を適宜に据え、それがこの大きく広がりのある住宅を実に安心な心地で満たしている。多分、たとえここに独りで居たとしても、その大きさは空疎ではなかろうと思った。

訪問の折に、家族が大切に保管している青写真を見せていただいた。

その建築の断面は、内部空間が持つ印象の確かさに比べて、意外なほどに薄く軽い。かつて作品集でそんな詳細図も目にしているはずではあるけれど、あらためてその場にいて空間の事実とその組み立ての関係を見る時、こちらの想像が過大に膨らませてしまっていた複雑な仕組みとは違う意外な簡単さや単純さに驚かされもする。そんな簡潔さが、多分この家を長い経年に耐えてきたもとでもあるのだろう。この住居の場やまた魅力の上でもその核をなす居間の広がりやその形を支える屋根架構も、2×6インチ材を組んだ拝み構成の版一枚で軽く覆われている。

この例に限らず、ライトの創出する構造の巧みさはよく語られてきたことではある。ただそれは、形態的な表現への志向というよりも、生活内の空間に寄せるイメージの強い内圧がそれらの架構を支えているとでもいうような、少しおおげさにいえば物の強度よりも場所の感覚の強度がその空間の膨らみを生み、それが実在のかたちや架構の仕組みへの柔軟な発想に展開して行ったのだろうことを、この場所の実際と図を合わせ見ながら強く感じたのだった。

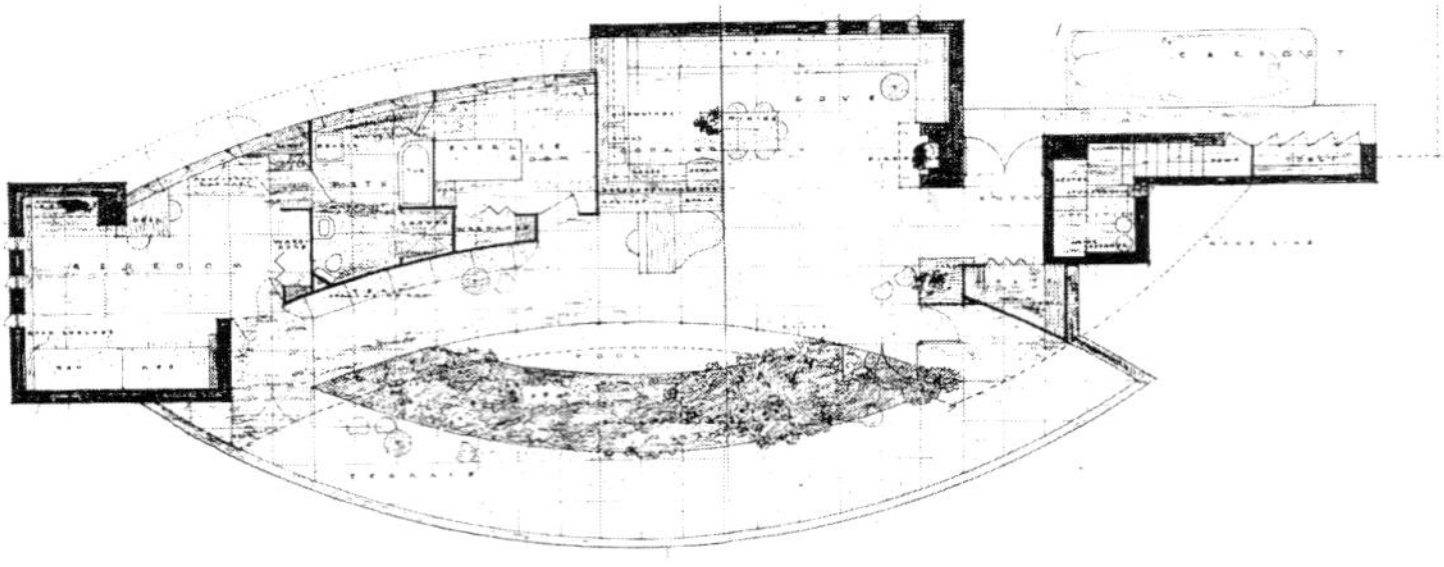

ローラント邸平面図

生活の事実を空間に昇華する

ほかの例の具体をここに詳しく記す余裕はあまりない。

若い時から足が不自由だったという住み手の、そのことをもととして組まれたローラント邸。高さ２２００㎜強の一律の平らな天井と円弧を描く平面形を持つそれは、あえて今様にバリアフリーなどというまでもなく、車椅子を軸とした動線形やその形に誘われるように開けて行く視覚的な経験の豊かな変化や各部のディテールを見せ、生活の実際への真摯な観察からこれを秩序ある空間に昇華し、その秩序をもって日々の生活を機敏な気品あるものにする設計というものの持つ素敵さと可能性を、あらためて教えられもする。

また、ライズリー邸やパーマー邸に見届けるもののひとつは、空間の内懐の深さが住まいの安心の感覚にとっていかに大切かということ。それは必ずしも空間の絶対量の大きさや奥深さによるものではなくて、人の居場所の的確な重心のありかと空間的なプロポーションの自在な判断によって、これが得られるもののようだった。このどちらの住宅にもその中心にしっかりとした石組みの暖炉があって、それが生活と構造的な双方の骨格の核となっている。その強い場の重心や支えの存在が周囲への空間のおおらかな開放を心理的にも構造的にも可能にし、また開放部周辺の天井高さを２ｍをわずかに越える程度の思い切った寸法にまで押さえることで、内部の空間に内懐のより深い印象を与えてもいた。

これらのいくつかの住宅は、モスバーグ邸を除けば基本的に平屋である。恵まれた敷地の広がりがそれを可能にし、そののびやかなプランも、場の構成も、いうまでもなくそうした土地の背景の中から拓かれたものだ。50年という年月を越えてそれらが今にある持続

ローラント邸

性も、この安定した環境がその大きなもとともなっていよう。

また、内部にあって、今なお驚くほどに新鮮さと艶やかさを失わないそのありようは、住み手がライトの「作品の中に住む」というような固い構えがこれを維持してきたのではなくて、その空間の実際が好きなのだしその心地よさが誇らしいという、だから大事に育てて行くという、そんな自然な言い方が最も適当なように思える。そして、これを背後で支えているのが、先述したような、場が個別的な機能でとらえられる以前の、人の居場所の感覚を持つ空間の、その確かな骨格性なのだろう。

モダンリビングの母型と今

これらの住宅の持つなお今日的な意味は…と、つい考えたくなって、でもそう急いで硬く問う必要はあるまいとも思う。またそれらの持つ具体的な姿を、ぼくらの現実に照らしてその接点のありかや距離を推し量ることも、いかにもその土地に密着した構成的な姿や明らかな造りの差異を前にしては、少しばかりためらわれる。

とはいえ、いわゆる住居の形式として、ライトの拓いたその定型は、日本のモダンリビングのひとつの母型となった、あるいは、アメリカの一般層のモダンリビングのひとつの母型ともなりそれが日本の戦後の生活スタイルや住居形式への影響濃い母型にもなった、といってもよいかもしれない。

ライトの住宅を訪ねて、その折に受けた強い印象を「住居としてのその形式」に見るかあるいは個々に感得される「場所の確かな感覚」のほうに見るかを逡巡したと最初に記したけれど、その前者についての気持ちは、やはりそれ（母型）が半世紀を経てどう見届けられ、また、いまも生きたかたちとしてどうあるのかということではあった。その定型に類するものがぼくらの現実の中で日本型に翻案され、やがてn・LDKという記号化を生み、逆に今その内容よりも記号の持つ意外に強い呪縛によって生活が規定されてしまうことへの問い直しが、また求められているからでもある。

でもそれは一時の訪問やその間のわずかな見届けでわかるはずもなく、また、実際の状態を前にしてそのことにそう強い意味を推し量ろうとすることはないのだと思った。ライトがそこに空間や場として摑みとり着地させたものは、生活の事実の深い観察と心理への洞察によって得た人の居の拠り所となるものの確かさの側にあり、それらが生活上に組織されて住居としてのその形式があると思うほうが、ぼくらがまたぼくらの現況に則して、その新たな適合のかたちを求めて行く手立てとしても有効なのだろうと思われる。

この経験と共に考えること

このいくつかの住宅を訪ねて感じたこと。それをここに記してきた。それはライトの作品の実際に触れてあらためて思われたことであり、また、日頃自分が設計に関わりながら考えることにおいて、それらの作に強く感応した部分なのかもしれない。そのことに照らして、最後にいくらかのことを記し添えたいと思う。

＊

最近、若いひとたちの設計へのまなざしに、極力設計者側からの「恣意性」を排そうとする、あるいは排すべきとする姿勢と傾向がかなり見られる。住宅という場の構成にもそのことはかなり投影されていて、建築の持つ役割を生活個々の具体的なサポートや関わりに向けるよりも、あるいはそうした生活の仕方の細部に踏み込むことなく、それとは別種の論理で組み立てられる空間の仕組みの側から場の形質を拓き、住まい手はその中から生活の仕方を自由に見つけ組み立てて行けばよいとするもののように思える。

そのことの背景のひとつには、根の乏しい形態が過剰にもてあそばれたつい昨日の建築世界への嫌気があり、あるいはまた、住宅においても作り手の側にもあるパターン化する生活像や空間像を、切り口を変えることで捕らえなおしたいという期待があるのだろう。たしかに今日の住宅に、そうしたパターン化傾向は否応なく進行してもい、生活の実態に適うかたちや時代の感受性に沿う住まいのありようが、また問い直されるべきなのだろうとは思う。環境も状況も生活の様態も、これまでの一定の理解や方法では捉えられない多様さを増している。

＊

生活を拘束しない住居。住み手の自由を拡張するもの。言葉の上でそれは大きな魅惑を持っている。

それを建築や住空間という実体に重ねて考える時、そのひとつのありようはこれを極力無色、無限定な場として仕組むことかも知れない。でもそれもまだ言葉の上だけでの話で、実際にそのような純粋無垢な空間は現実にはあり得ない。そしてこの種の応答のくりかえしは、空間への目線を次第に抽象的な地平に向かわせもし、主体であるはずの人の存在の極めて稀薄な場を形作らせせかねない。

一方また、たとえそのような無限定的な場があったとする自由さの中で、人はそれほど自律的な強い存在なのだろうかという思いもある。例えばささやかなひとつのテーブルが人たちを寄せ、適度な囲いが人を解放する、そんな物や形の持つ力やきっかけを通して、ぼくらはとりとめない無形の不安定さから抜け出、さまざまな活動や生活上の行為の多様な手掛かりと幅を拓いて来た。そのようなことを通して、人はむしろ自由になれるのだし、心開かれもするのだろう。

デザインにおいて恣意性を排すという時、それが狭い主観的な形態操作や場の操作を努めて避けようとする意味において、共感するところがある。けれどもまた、それは時に生活の具体やその実相への観察やその解釈を軽んじてしまう危うさも合わせ持つ。恣意的であることを抜け出るのは多分、そうした生活の具体から遠く距離を取ることではなくて、むしろその中からこそぼくらの共有し得るものを探すことなのだろう。

＊

ライトの拓いた住宅作のいくつかに触れて、あらためて感じるのは、生活の実際に肉薄しこれを秩序ある感覚を持つ空間に昇華することにおいて果たしたこの建築家の大きさであり、そのことによってなお艶やかに生き続ける生活のありようについてだった。それを支えているのが人の居場所の確かな骨格性であり、その骨格を具現化する上で、柔軟なディテールの存在があることだった。

確かな場所／L・カーン

アメリカ東海岸にルイス・カーンの建築を訪ねた。

それはごく軽いきっかけからだった。

外に出ようと思う伏線は、ここしばらく何か頭の中だけでものを組み立てているような状態が続いて、そのことに不安と実際の空間や場所への一種の飢えのような思いが溜まっていたことにあった。だからカーンをという訳ではなく、そのきっかけは研究室のS君からの電話にあった。

日本のバブル経済が人々の活動を浮き足立てて、建築の存在もその基盤を危うくするほどに軽さを増す折、彼はその夏にアメリカの西海岸から東に向けて建築とアメリカという土壌をじっくり見届けたいと出掛けて行った。帰国したと連絡があったのは秋も半ばを過ぎてからのことだ。かなり熱のある電話だった。

「これまでの、建築のありようを考えるモザイク的な思考が、カーンの建築に接したことで何か確かな焦点を持てそうな気がする」　その印象が霧散しないうちにじっくりと慎重に話がしたい。そんなことを彼が体験したいくつかの建築の印象をまじえて、電話で一時間ほど話をした。

学校に居て唯一エキサイトするのは、若い人達が何かのきっかけを摑んでジャンプするのを見届ける時。そのきっかけは人さまざまだが、大学院に三年居るS君の熱のこもった電話とその時の話の内容にもそのことが感じられた。だからついこちらも興奮もしてしまったのだろう。

とは言え、よい実体験をしてきたものに何の本当のアドバイスができるだろう。少しからかうような気分も頭をもたげて、ならばもう一度実際の建築の現場でそれを話そうかとつい口走ってしまい、あろうことか彼は本気にそれに乗ってしまったのだった。

まずかったかとあれこれ自分の日常の事情に思いを巡らしたけれどあとの祭り。そうせざるを得ないような気持ちと状態にトントンと話は進み、急きょ大学にも届けを出して、出発は10日後とまで決めてしまった。

カーンの建築を訪ねることになったのはそんなきっかけだった。

＊

カーンの建築に興味がなかったかと言えばそんなことはない。以前はあれこれとずいぶん本を読み作品集を捲った。ただ、その難解な日本で翻訳された言葉にどれほどの理解を持っていたかははなはだ怪しいし、その強く自律的な姿を見せる建築とその構築の仕方はぼくにとって遠い存在のように感じてもいた。それに、すでにその評価は言うまでもなく揺るぎないものであって、そのトレースならばいまさら動きたくもないというようなつまらぬ意地もすこしある。

けれども、そんな軽いきっかけで虚心に身を置いたその建築は久々にぼくの頭を熱くした。概念的なイメージや軽さが乱舞する最近の建築のありようやその表象群に比して、ぼくらの場所の経験を豊かに拓く確かな実在としてカーンの建築はあった。

＊

そんなことでカーンの建築行脚は、たまたまその時期に彼の回顧展が催されているフィ

キンベル美術館／公園側からのアプローチ

ラデルフィアのミュージアムでのオープニングに照準を当て、そこから始めることにした。会場構成をされた磯崎新さんと夫人に久々にお会いし、記憶にある数々の作品の模型の中を巡り、特にカーンの手でゴシゴシ描いて行くような3m余の大きな木炭のスケッチ図には圧倒された。その原寸現物を見たのはもちろん始めてである。下書きは所員が起こすらしいことを後で知ったが、その画面の空間やスケールで建築を見通して行こうとする強靭な意志のようなもの、あるいは創作に向けた欲とでも言ってよいのか、そのことが生々しく伝わってきた。

このカーン展開催に掛けて、AIAとACSA（Association of Collegiate Schools of Architecture）合同のデザイン会議がこのフィラデルフィアで開かれることを知ったのはその会場でのことだった。磯崎事務所に居られたIさんのアドバイスや同行したS君の機転で運よく翌日そのバスツアーに強引に潜り込ませてもらい、思わぬ予定外の見学をすることになった。

特にカーンの住宅作品としては最後のものとなったコーマン邸や中期のエシェリック邸を、そんな突然の旅の中でつぶさに見ることができたのは幸運だった。それでも200人近いAIAの会員たちが押し掛ける。コーマン邸は広大な芝地の敷地に建つ作品だが、住宅内部はさすがに人で埋まる。いま実際に生活されているプライベートなものをよく開放してくれたものだと思うけれど、カーンの住宅作品にはそれほど興味を感じていなかったぼくには、場所の確かな構築の仕方や素材が生む力を受け止めその認識を改めさせられる思いがけないきっかけになった。

＊

ポールメロンセンター・ホール

ただカーンのいくつかの建築の中に身を置いてS君と話す。それだけを目的に思い立った短い旅の筈だったはずがスタートがそんなふうで、早くもすっかり頭が煮詰まり気味になる。軌道を初心に戻すべく「あとは単純にニューヘブンとエクセターのみ！　ただそこに身を置くことにしよう」　そうS君といいましめあって先に進んだ。

ニューヘブンにはカーンの50代のデビュー作・エール大学アートギャラリーと没後に完成したポールメロンセンターがある。没後のこの作品については、カーンの創作精神の脈絡として諸々の批評や異論があるようだが、こちらはそうした論議に興味はない。もしも良き場所があればそれだけで良い。着いた時は休館日にあたり、センターには次の日の朝に入った。

晩秋の空気が冷たく身を引き締めて、凛とした清明な光がホールを満たしていた。樫、コンクリート、表面を腐食処理した鈍い発色のステンレス。それらの張りのある堅牢な素材と緻密なディテールの積み上げがその空気の全体を生み出しているのだろう。その印象を短い言葉で表現することは困難だが、建築がこうして人々の新たな経験の場を拓くことができるものだということに、あらためて勇気を得る思いがする。多分、若いS君を強くとらえたものもそのようなことだったのだろう。

＊

フィリップ・エクセター・アカデミーの図書館を意図して最後に残しておいた訳ではない。ついつい道すがら他にもいくつかの建築を巡って、自然ななりゆきからそうなったのだったが、ニューヘブンでの経験にも増して、建築が確かな場所を拓くものということに実感として深い思いを抱かされたのはこの図書館だった。

ボストンで車を借り、図書館に着いた晩が恍々とした満月で、気持ちを集中させるようなそのタイミングや、美しい紅葉の季節の魔力の故だったのかも知れない。記憶にある上細りのレンガ積みの柱のシルエットが内側から漏れる光によって編み篭のように見え、9時まで開館ということで中ではまだ学生たちが三々五々机に向かったり話をしていた。

館員の親切な応対や学生たちのフランクさもあって、その夜と翌日、ゆっくりと中を隅々まで回り、あのパッチワークのような平面図からはおよそ読み取れなかった場所や、目的に応じて分離された構造の拓く空間のありようを、写真というのは貴重な伝達手段で

フィリップ・エクセター・アカデミー
図書館／平面図

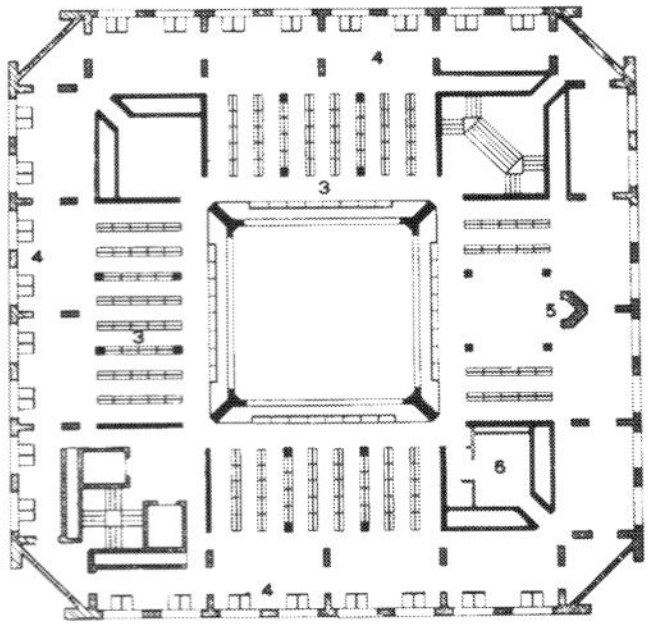

3階平面図

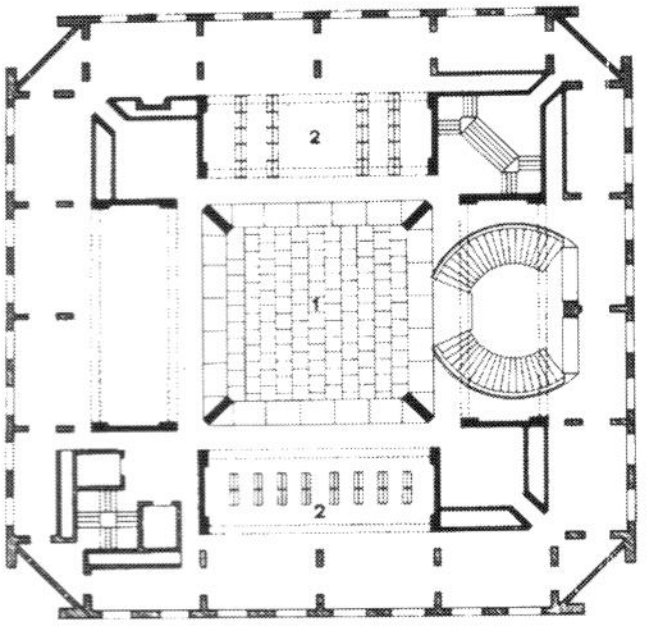

1階平面図

はあるけれども何とぼくらを誤解させるものか、そんなメディアと実体とのズレに苦い思いを抱きながらつぶさに見て回った。

「場所を置く」あるいは「確かな場所を個々に刻む」…。建築の構成や構築の確かさもさることながら、そのことをこの図書館を巡って最も強く印象深く感じとる。そのことは、しばらく以前から建築を考えるこちらの意識の底にずっとあって、だからそれを映すようにこの建築を見、心魅かれるのかも知れない。

巨大な、けれども人を圧するというような印象の皆無な光のホール。これと対比的に、一冊の本に向かい、自分の世界を書物を通して想像の中に広げて行く小さな親しげな場所。幾重ものそうした場所の彫り込みが固有の空間の相をもってここにはあり、作為を越えてすでに無名性を獲得したかの自然な人々の良き場所がそこにあるというような印象を受けた。

＊

軽いきっかけと最初に書いたが、S君とのその場所での対話以上に、その結果はぼく自身が少々重いものを内に抱える旅になった。準備も構えも持つ余裕がなかった虚心の出会いがむしろ幸運だったのだろう。理念や概念でなく、ストレートにその場に身を置き空間に包まれる経験が久々に建築への想いを熱いものにした。

カーンの仕事を軸に、先を模索しようとするS君と現代建築の道筋にいくらか回顧的にもなるこちらの思いとがラップして、その差異の中に建築のありようを考えさせられる貴重な時間が持てたような気がする。

（JIA機関紙・ブルティン）

居場所のやわらかな充足／アルヴァ・アールト

「皆でアールトの建築を訪ねないか」。

そう研究室の人たちに言いはじめてしばらくの時が経つ。と言いながらもなかなか腰が上がらないのはこちらのほうで、皆も最初は「またか」という冷めた顔をした。でもなにかを実行するのにあまり段取りを追う計画派でなく、ただ言い続けるというのがいつもの癖である。時は過ぎるがやがて来る気運を待つ。

皆の苛立ちもあったのだろう、ある日の会話から急速にその具体化への話が進み、向こうの手がかりや旅の資金の算段を含めてそれぞれの分担も決まってしまった。その後に深い交流を持つことになるフィンランドの建築写真家／ヤリ・イエッツォネン氏をある集まりで紹介されたこともその実行への弾みになった。

「なぜ今アールトか」にそう定かな理由はない。でもそのときは自分にとってもまた皆を誘うのも今はアールトであるべきような気がした。その一つには近代の建築世界を新鮮に拓いたアールトの作品を軸に置きながら、その根にあるフィンランドという土壌を合わせて皆で訪ねること。その思いの背後には、狂った日本のバブル経済の余波が建築の確かであるべき存在を根こそぎ危うくし、若い人たちの目線もその影響下で定点を失いかけているると同時に、ぼく自信にも建築の意味や力を語る共有の言葉が見えがたくなっている焦りもあった。そのような中で、北欧のきびしい自然をなお背負い人びとの日々の活動や生活を守る建築の素朴な原点を持つその国の活動が、いま特に貴重に思われた。

9月に入るとフィンランドの気候は急速に蔭りと冷たさを増す。木々の葉は日に日に黄色く染まりはじめ、その中にピヒラヤ（日本のナナカマド）が鮮やかな赤い実を浮き立たせる。光が乏しくなる中にそんな黄葉や実の赤が一時の輝きを添える。

そのときはまだ日本に滞在中のイエッツォネン氏に替わって、夫人の近代建築史家でもあるシリッカリーサさんが克明なアールト作品とこの国の見るべき拠点の案内を立ててくれ、ぼくらはそれに沿って歩くことになった。そうした人の縁が新たな土地とぼくらを強く結び、旅の印象を深いものにする。

でもそのときの10日間ほどの限られた時間の中で、訪ね得た場所はごく限られたものだったろう。アールトに絞れば、ヘルシンキ市内やその近郊のオタニエミにある諸作、そして中部のユバスキラからセイナヨキに足を向け、ノールマルクとトゥルク周辺が最終地点になった。

そのルートの中で訪ねた新旧織り交ぜての作品に共通し、強い印象を受けるのは、固有な建築の形質以前にどの場所も長い時を経て今なお生きているということだ。もちろん新フィンランドの建国者のひとりにも位置付けられるアールトの作品を国が大切に支えていることもあろうけれど、生きているというのは日々の場所として身近にという意味である。同時にそれは、アールトが住宅をはじめとして、人びとの日常を生き生きさせる場に意を注いだことを浮き彫りにしてもいる。

その作品の空間に身を置いてのそれぞれのつぶさな印象は、別の折に書かなければならないだろう。かつてアルヴァ・アールトがまだ存命の頃、ぼくがまだ二十代の半ばに独り

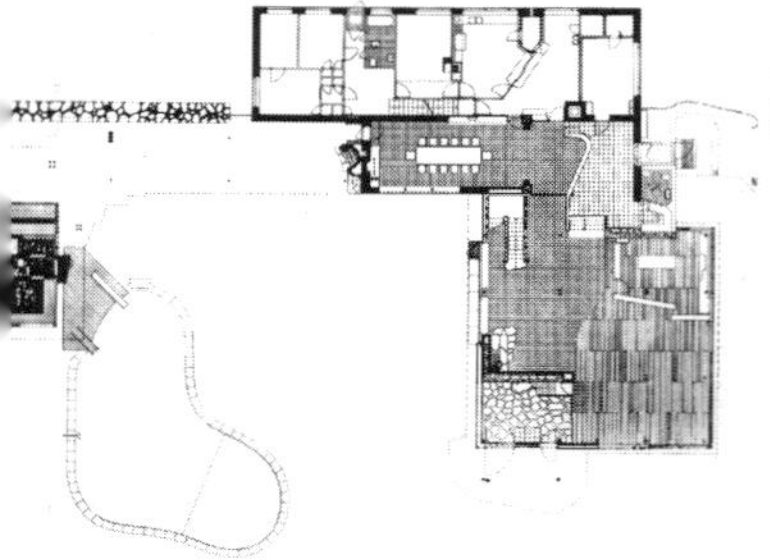

マイレア邸

夢中で訪ね歩いた時の記憶を場所ごとに重ねながら、あらためてその人の場を見据えた温かさと清新な光の満ちる空間に打たれる。その頃にただ圧倒されて見えていなかった空間の仕組みやそのディテールも、少しは冷静に見届ける歳や立場になっているけれど、それを皆に説明しようとするのは余計なことだ。

ひとつだけいえば、その作品と空間の形質に共通して感じ取るのは、やわらかな幾何学に秩序づけられた居場所の確かな感覚のように思う。

言葉の説明ではむずかしいその充足の感覚は、それこそが建築が人たちに果たす究極の命題なのだろう。もちろんそのことを求めて場所の感覚を確かなものにするのは、物の組み立てや仕組みに向けた冷静な創作者の作為やまなざしによるのだろうけれど、今はその空間にただ身を浸せばいい。

時々は建築やその空間を訪ねながら、もう一度そこに戻り身を置きたいと思うような場所との出会いは少ない。ぼくにはアールトの空間はそのような場所のひとつだ。若い人たちがこの旅でどう感じたかはそれぞれに違うだろう。でもまだまとまりのない皆の言葉の端々に、そこで受けとめた場所の濃い実感がうかがわれた。

そんな身に溜めた実感が、やがてそれぞれの取り組みの中に発芽するかもしれない。

（研究室レポート／１９９３年）

チャペルという場所から

その場所に映しだされるもの

このところ少し頻繁にチャペルを訪ねている。フィンランドのものがその主な対象になっている。

でも、いつもそれが目的で向こうに行く訳ではない。出向くきっかけは多様である。そしてその都度、いくつかのチャペルを訪ねる。幾度も足を向けてしまう同じ場所もあれば、少しずつではあるけれど新たな場所との出会いや発見もある。

あらかじめ断っておけば、それを訪ねる理由にはかねてからフィンランドという国の持つ建築的な風土全般への興味が先にあって、その一面がチャペルというシンプルな心の結晶のような場に見えやすく映しだされているように思えることだ。その同種の施設の中に見られる多様な場所の解釈の差異。そしてその奥に垣間見えるなにがしかのこの国の人たちに共通する精神のありか。そのことへの興味と、又それらの異風土に立ちあらわれる場所のかたちに照らして、ぼく自身が身に溜めてきたものやその感受性の所在を、今あらためて見届けたいという願いがそのいくらかの理由にある。

多分、そこに惹かれるおもな要因には、近代のこの国のチャペルに見る概ねのその場所の性質が、強い宗教的な形式性に依拠するというよりも、むしろ人々が自然界に対峙する時に持つ素朴な畏敬の感覚を芯にしてこれを純度高く昇華したものにも思えるところにあるのだろう。それはかつてそうした場所との出会いの初めにぼくが心惹かれたことでもあり、そして今時代の移行の中で日々薄れて行くぼくらのそうした自然への感受性を、建築がよって立つ基盤においてあらためて大切に思うことでもある。

拓かれた心の視界

ぼくが初めてその風土と建築に接したのは、今から30年ほど前、1960年代の半ばのことだった。

言うまでもなく当時におけるその目的は、巨匠アルヴァ・アアルトの建築の実際を直に見届けたいという強い願いがあってのことである。その初めてのフィンランド訪問の折に、一切の先入観を持たずに出合い強く魅かれた場所の経験のひとつが、シレン夫妻の設計になるオタニエミのチャペルだった。

それは、戸外の森を背景に白い十字架を外に据え、森そのものを祈りの対象とする新鮮な場の解釈によって人々の記憶に深く刻まれたものである。そしてそれはまた、想像力によって自然の奥に潜む大切な何かを感得しようとする心理と空間に関わる世界において、ぼくらの国の伝統や視界の中に深く存在するそれと著しいつながりを持つもののように思われるものだ。それがこの国の人々一般が持つ感受性やその根にある自然観にそのまま連なるものと見てよいのかどうか。昨秋もまた、この場所に身を置きながら考えた。その答えは一応ぼくなりに持ってはいる。それは、このチャペルが失火がもとで一度焼失し、そして再び再建されたことを最初の訪問から遥か時を経て訪ねた折に知ったことからの想像である。うかつにもそれを知らなかったぼくはその話を聞かされて深い感動を覚え、そのことに思いを馳せた。

オタニエミのチャペル／設計＝ヘイッキ&カイヤ・シレン

多分、その再建に向けて人たちを駆り立てたものは、その建築の形そのものではなく、その建築のかたちを通してそこにひとたび拓かれ確かなものになった人々の心の視界に寄せるものだったのではないか。それは、この国の人たちが持つ自然観や固有の感受性の根に深く連なりながらも、その経験を越えて新たに見出され、広く時代に共有される場所の地平を獲得した世界なのだろう。

石綿スレートと木とレンガと鉄とガラス。まことにチープシックな素材と冷静なまなざしの中で構成されたように思われるその空間に身を置きながら、建築が果たし得る役割や、またそれが芯に持つべきもののありかのひとつをぼくは見届けるような気がした。

そこに深く身を浸す

フィンランドの旧首都トゥルクの市営墓地にあるチャペルとの出会いは、ぼくにとってさらにそのような思いを深めさせるきっかけになった。でも、エリク・ブリュグマンの構想によってなるこの場所を実際に訪ねることができたのは、たかだか5年ほど前のことにすぎない。

日本経済のバブル期の、建築にも羽が生えたかと思われるほどの軽薄さとその影響に、どうあれ浮き足立つ研究室の若い人たちをかなり強引に誘ってその時アアルトの建築探訪行脚に出かけた。その旅の終りに、ぼくは初めてこの場所に身を置くことができたのだった。

そのチャペルでの経験は、誤解を恐れずにいえば、その時にかなり徹底的に巡ったアアルトの作品にあらためて「デザイン」を感じさせることになった。その真意を今ここできちんと説明するのはなかなか困難なことではあるけれど、ぼくがデザインというのはこちらに見通せるいくらかの「作為」とでもいうもので、旅の目的がそれを見届けるところにあったことからすればいかにもおかしな言い方だとは思う。

そのチャペルの空間は、ぼくをただ深くその場所を経験するものにさせてくれた。建築を創り、また、解釈するものとしての立場を離れて、そこに居ることの充足とでもいうものを素直にぼくはその場に身を浸して感じることになった。

急いで断っておけば、それはアアルトの残した近代の建築世界における足跡とその優れた功績を否定することではない。多分ぼくがブリュグマンの築いたその空間に深い感動を覚えたのは、およそ予見なくその場に入り、その上でこそ得たものであったのだろう。その上でまた、破綻なく美しいアアルトの建築世界とは違う、むしろ多分な迷いと磨かれたセンスの交錯の上に導き出されたようなその空間の酷に強く心打たれたのだったろう。

一昨年の秋、少し長くヘルシンキに滞在できた折に、その場所で得た不思議と感動の訳を解きたくて、建築博物館の主任学芸員のティモ・ケイナネン氏を訪ね、ブリュグマンが描いた生のスケッチの多くを見せていただいた。そこでブリュグマンの変転する足跡を、後ればせながらぼくは初めて知ったのだった。

そのスケッチや資料からは、時代の古典主義的な影響を色濃く見せる初期の構成から、きっぱりと汎世界に向かう無装飾な白い箱の時代を経て、やがて急速に自国の固有性を問うナショナルなロマンチシズムに傾いて行く後期の仕事が見て取れ、その建築家の創作の過程に見る大いなる気持ちの振幅が意外でもあった。トゥルクのチャペルは、そうした時代の進行の中で揺れ動く思念が交錯しあい、折々に得た経験をひとつの心が束ねるように

トゥルクのチャペル／設計＝エリク・ブリュグマン

して成ったものなのだろうか。迷いやある種のたどたどしさと感じられたその構成上の原因とそれらがひとつの場に結晶している不思議は、おそらくそんな多様な経験の集積にもよっているのかと、そのスケッチをめくりながら考えた。

このトゥルクのチャペルに見るいくらかの構成上の手法の混在（と、ぼくには感じられるもの）を、美しく束ね、ひとつの全体の感覚に昇華させているものは、まぎれもなくその空間を満たしている光であり、また、空間をあらわにするそうした光に対するナイーブな感受性の成せるものでもあるだろう。

北の国の低い角度から射す陽光が、建築という空間の操作を通してその場所に居るぼくらをやわらかく包む。陽光は、丈の低い側廊の床を照らし、跳ね返って、明褐色の丈の高い砂壁の空間を満たす。その頂部の、幾何学には乗らないカーブを描く天井の形が、光を映して人を包みこむ。

そこに居て、ぼくは以前からこの場所の印象をすでに知っているという一種の既視感にとらわれた。

空間のボリュームの配置や光や影の非対称性と、なおかつそれらのバランスを通して存在する空間の安定した重心やその中心のありかを暗示するような場のかたち。意味もその成因も具体的な形のあらわれも全く違いながら、大枠の骨格においてそれは、大津にある光浄院の客殿の書院に見る美しい空間性や光の印象にとても近いものに思われた。

それを結ぶ確かな理由は何もない。まことに勝手なこちらの想像である。ただ、その場所に覚える深い共感のありかをたどる時、オタニエミのチャペルで感じたことと同じように、その根にあるもののぼくらの感受性との近しさに思いが向かう。

創意と時代の映し

ここに記した二つのチャペルは、共に第二次世界大戦を前後して築かれたものだ。トゥルクのそれはその渦中の1943年に、また、オタニエミのチャペルはその戦後10年余の1957年に造られている。その一方は戦に伴う死が人々の日常の傍らにあり、またもう一方もその記憶がまだ鮮やかに残る時であろう。この二つの場所に感じ取る安心と心の集中に人を誘う強さは、個人の着眼やその構想というレベルを越えてそんな時代や社会に潜在する人々の希求の力を背景にしてそれぞれの場に顕現されたもののように思われる。

建築は個人の創意によってのみよく造られるものではなく、その時代の持つ力によって創られるとはかねてからよく言われることである。おそらくそうなのであろうとは、さまざまな建築を訪ねての経験とそこから受ける印象から、ぼくも思うところではある。でもそれは、個人の構想の持つ力を低位に置くということではなくて、その社会や時代の空気が透徹した個人の目線やイマジネーションを通してひとつの統一を得、それが現実の場所や空間のかたちに昇華されるところに建築の世界があるということなのだろう。

ぼくはそれを、ここで記すチャペルという場所の経験の中でいえば、ユハ・レイビスカのナッキラの教区センターや新しいミュールマキのチャペルを訪ねた折に強く感じたのだった。

昨春日本にも見えたレイビスカは、この国の人たちが持つ光に対するヴィビッドな感受性をより鮮明に現代の建築に体現する優れたひとりである。そのほぼ一貫した建築的な手法で組み立てられる空間はリズミカルで小気味よく、そして時に強く構成的だ。彼の代表

ミュールマキのチャペル／設計＝ユハ・レイビスカ

作のひとつでもあるミュールマキのチャペルは、その手法がいかんなく発揮されて結晶した純度高い空間である。

垂直な幾重もの壁によってなるそれは、一切の構成素材を白の塗装で覆い尽くすことによって、あらゆる部位がそのモノクロームな陰影の形に溶け、それらが光の織りなす一体の空間に昇華する。それは他に類例を見ない見事な存在だ。

ただ、そこに漂う場の強い抽象性は、トゥルクやオタニエミで感じた心の芯に素直に結ばれるものとは少し違っている。その空間は、はるかに強い構成的な意図のもとに組まれた自律的な世界だ。おそらくそこで感じたとまどいは、ぼく自身が、オタニエミやトゥルクのチャペルから受けた強い印象をもとに、この国の建築やその風土への視野を自分の感受性の側に引き寄せてかなり狭く規定してしまっていたことに原因があるのかもしれない。また同時に、時代とこれらの心の場所との関わりが、人々の精神的な希求やその背景のありようにおいて変り、それがミュールマキの場の抽象性にも映しだされているのだろうかとも、そこに身を置きながら考えたことだった。

明らかな異質

このことに絡めていえば、レイマ・ピエティラがその建築において現した世界は、フィンランドのその風土を安易にぼくらの持つ自然観や精神のかたちに重ねて見ることをさらに強く拒絶する。

それはヘルシンキの北にある都市タンペレのカレバ・チャペルやエスポーのハウジングを訪ねて思うことでもあり、そのパートナーとして共に活動したライリ夫人が昨秋来日し

カレバ・チャペル／設計＝レイマ&ライリ　ピエティラ

たおりに語ったその思考の奥に触れて感じたことでもある。その世界は、この国が固い固い岩盤と北の大地の上にあり、そこから生まれた強靱な精神風土や固有な感受性によって形作られたものであることを、あらためて知らされるものだった。

＊

シンプルなひとつの場に映しだされるその解釈や創意の多様。それをチャペルという固有な場所の現れに絞り、またその存在をフィンランドという特定の国の狭い経験に限って、思うことを記してきた。

この『住宅建築』誌にそれを記すのは、少し唐突なことであったかもしれない。住まいのこととそれは直接に結ばれるものではないし、その場所も、またその風土も、ぼくらの身近な日常とは遠いところにある。

でも、そんな遠回りをしながら考えることが、ぼくにとって住まいという人の居場所やそこに建築が担えることの根を摑むこととつながるように思えることも、また確かなことである。

（『住宅建築』・1997年5月号）

アメリカの草の根の住居

書棚の片隅に1967年のフランスの建築誌『オージュルデュイ』(au jour' d'hui) がある。すでにその製本もかなり傷んで、ページもバラバラになりかけている。かつて繰り返しページをめくった痕跡が、そのほつれた本のかたちに残っている。67年は、ぼくがまだ大学を出て間もない頃である。その頃の外国雑誌はその国での発行よりかなり遅れて日本に入ってきていたから、それを手にしたのはしばらく後のことだったろう。もちろん素寒貧だったから、たかが雑誌とはいえ少々無理をして、でも絶対にそれを欲しいと思い手に入れた。

その号には巻頭にルイス・カーン設計のソーク研究所が載っている。その記事のあとにその号の特集としてアメリカの草の根と題するたくさんの住宅が掲載されていた。

それは今なおきらきらしている。新鮮な場所の感覚と空間の像がそこにある。たぶん、今も感じるその強い印象は、ぼくらの世代の建築についての逡巡とその時代の状態において、それは目の鱗を剥がされる思いのする事件だったことによるのだろう。

ライトやミース、そしてコルビュジェやアアルトを頂点として、まぶしい建築世界はそのころまだ海の向こうにあった。そのまぶしさは、建築以前の、あるいは建築が当然基盤とするところの、社会や経済の圧倒的な豊かさの水準の差を原因ともしていたことだったろう。特に建築を学びはじめたその頃のぼくらにとって、強い逆光の中では物すべてが平盤なシルエットに見えるのと同じように、豊かさという眩しい光に逆照されたそれらの建築世界は、内容や細部の違いを超えて、とりあえずはその総体が「正しい」ものとして目に映った。中でも住居という生活の様態やレベルがもろに反映される対象にその思いは著しくて、本来は十分な空間の量を背景として成り立っていた当時主流をなす建築家たちの数々の名作や事例の質を、自分たちの現実との結び目をおよそ実感として持てぬままにせよ、ひたすらコピーすることを良しとしていた。

そのオゥジュル・デュイ誌の特集に集められた50におよぶ住居たちは、そんな巨匠たちを頂点とする作品や次第にそれらが教条化されつつあった建築のスタイルとは大いに違って、ささやかさの中に屈託のない自由さが溢れていた。好ましい個々の場所の実像が次第にふくらんでひとつの生活世界をかたちづくるような、あるいは、ひとつひとつの場の感受性にまつわる心地の総体が住まいというかたちに結晶したもののように思われた。

おそらく、そのことに光を当てた編集者の意図は、次第に精気を失って形式化されてゆく建築のモダニズムに対する警鐘としての、あらたな視点の解き起こしにあっただろう。いま時間というフィルターを通して冷静に振り返れば、それがその後の建築の潮流が変わるひとつのエポックにもなったと認められるのだけれど、その時に受けたぼくらの衝撃と思いはそんな理性的なレベルとは無縁の、まことに現実的で個人的な解放の感覚にかかわることだった。それまでの偉大すぎる教条やそれと現実とのギャップに縛られて身動きならぬ状態から「ああ、こんなふうに身近な場を見据えて行くことで新鮮な建築の世界は拓けるのだ」というごく素朴な共感と、そこに多数集められた場所に感じ取る共通なテイスト（趣）にそれまで言葉や概念の世界で理解しようとしていたものとは別種の、建築やその場所のありようにかかわるもうひとつの普遍性の匂いを嗅ぎとったのだった。

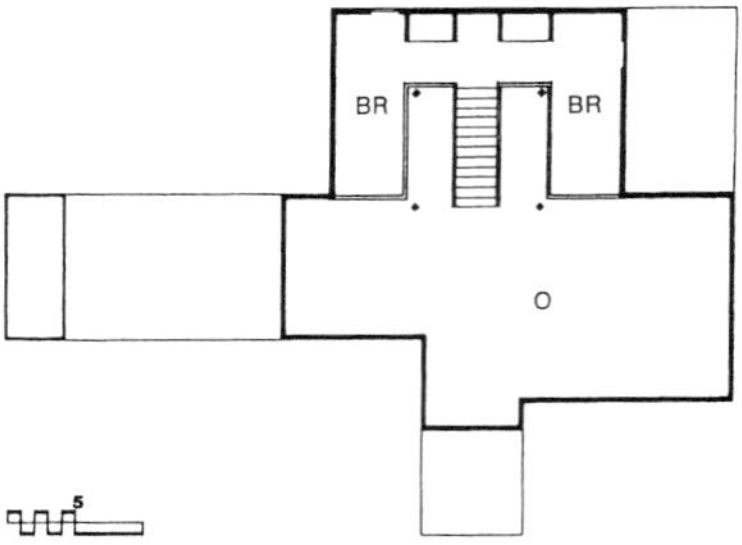

ジョブソン邸／設計＝MLTW（写真・図／『au jour d'hui USA』誌より）

そこに掲げられた数多くの住まいに共通するテイストは、「場所の感覚の保護」とでもいうようなものである。その構成は、どちらかといえばたどたどしく見え、機能と場の整合性や形自身の構成的な筋道を通すというよりも、その場所にあろうとする居心地の感覚に確かな空間としての骨格やいくらかの場の存在の保証を見出そうとして探り出されたもののような印象を受ける。

たとえばチャールズ・ムーアやドンリン・リンドンほかのＭＬＴＷチームが設計したジョブソン邸（１９６０年）は、その平面図を見る限りにおいてはまことに空疎な取り留めない空間であるかのように見える。いわゆる美しい巧妙なプラン（生活を織り上げる適度な場の分節や空間的な経験の誘導）をそこに見届けることは困難だ。そして、スギとモミの材に覆われたその場所の像は、はるかに新鮮な魅力に富むものに見えた。

その空間は、上階を含めていくつかのアル

コーブよりなっている一体の簡素なものだ。その簡素さの中に、人の居場所の求心力とでもいうようなものが、陽光や屋外の風景や場の寸法との関係で個々のコーナーに刻まれている。

生活の内側やその内圧から風船を膨らませたような印象を持つその平面図（ひとつの思考）は、結局そうした場へのまなざしの中から生まれてきたものであったのだろう。一体の空間の中で、人と人との適度な距離や関係を、そして、人を寄せる場としての魅力をいくらかのアルコーブに刻むことで、その全体の家としての骨格が生み出されたものなのだろう。

あらためて記すまでもなく、その特集の軸になったチャールズ・ムーアやエシェリックや、そこでは一辺のモデル写真をとりあげられたに過ぎないベンチューリも、あるいはまた、きっぱりとした構成力に冴えを見せるグワズミーの活動も、あらたな建築世界の一主流としてその後の活動をぼくらはよく知るところとなる。でもその光の当たりようは、時代の流れゆくかたちと、アメリカにおける建築社会の仕組みが持つ別種の力学のなせるものと理解しておこう。ぼくにとっては、その時その特集があらわにしようとした「場所の哲学」――ひとびとのただそこに居ることの充足に寄与するもの――に果たす建築のありかがなお大切であり、そこに現代において生活の多様さに揺れ動く「すまいという空間の持つ芯」をあらためて見届けたいと思うのである。

（『すまいろん』１９９６年夏）

日常性の尊厳／吉村順三

吉村順三先生のお墓は、生前その地をこよなく愛された軽井沢の一角にある。旧軽のふもとの墓地に据えられたお魚のマークの彫られた墓石に向かうと、その正面に遠く浅間山が見える。

そのおおらかな山容は、先生が特別に好まれた風景のひとつであると聞く。そういえば旧軽井沢の山中に建つ吉村山荘の屋根上に組まれた物見台は、森の梢に深く埋もれるようなその土地の中で、背伸びしてでも浅間山を見たいというかなりなこだわりの挙句と思えなくもない。むかし山荘をお訪ねしたときにも、少し得意そうに小屋上の物見台からの見晴らしを話されたことを思い出す。

浅間山は今も時折り鳴動し、空高く噴煙を吹き上げる。

そんな大きな浅間山の姿が、吉村順三という存在に向けた想像の芯に重なる。その山の姿は表になだらかでやさしく、そして内に熱く激しい力を秘めている。

はじめての大学院

話は遥か昔にさかのぼる。

「建築科も来年度から大学院を開く。ついては誰かこれに進むものはいないか？」いつになく自信無さげな口調で、4年生のぼくらを集めて先生方がそう話された。もうすでに就職先の決まっていた同級の仲間もいて、その話に対しては「いまさら…？」という空気と、早く実際の経験を踏めよというそれまでの教室の指導の中では、皆の気持ちが揺れるのは当然だった。

そんな中でぼくがこれに参加することに決めたのは、まことに他愛なく、それがただ始まりだという軽い若気な動機からだったような気がする。どこでそれを聞きつけたのか東大から今は金沢工大の教授をしている水野一郎君と関東学院大から現在は九州・大分で設計に活躍している山口隆史君がその年の秋の試験室にあらわれ、もうその時顔を合わせた途端にぼくらは「来春からよろしく」と、勝手に4月の再会を約束したのだった。

その春からの大学院は当然のごとくまだカリキュラムも定まってはいない。部屋も未整備のままだったから、3人はただウロウロとあたりを歩きまわることになった。それで仕方なく(まあその状態はあらかじめ予想されたことではあったけれど)その頃教室のスタッフのほぼ全員で取り組まれていた愛知県立芸大のキャンパス計画の手伝いをしたり、山本学治、天野太郎ほかの諸先生方をつかまえては話を聞き、根津の谷を越えて東大の授業をもぐり受講しに行ったりもした。

その時主任教授をしておられた吉村順三先生も、そんなぼくらの様子を見て少しはなんとかしなくてはと思われたのだろう。あるいはぼくらが切望して無理に実現したことだったか今や記憶は定かではないけれど、ある時ひと晩の授業をあの軽井沢の山荘ですることにしようと先生は提案された。1964年の梅雨がようやく開けた夏のことである。

山荘での授業

その軽井沢の山荘で過ごしたひと晩の経験は、結局ぼくが今にまで引きずっている建築についての何か思考の芯とでもいうもの、さまざまな知識とは別種のそんな固く壊しがたいひとつの小さな塊を、体の奥に据えてしまうきっかけになった。

その日、旧軽井沢の街を抜け、夏の午後の強い陽射しと長い登り道に汗ばんで到着したぼくら3人を、先生は学校で見せる厳しさとは全く違うリラックスした顔で迎えて下さった。多分ぼくらはその時かなり緊張もし興奮もしていたのだと思う。数年前に建ったその小振りな山荘は、その場所に顕現された、また、その時代全体に拓かれた新鮮な建築的な視界として、世代を超えた多くの人たちに静かな衝撃を与えてもいた。それに直に触れられること、そこでひと晩を過ごすこと、ましてや先生が脇にいてのその経験に緊張するなという方が無理なことである。だからぼくらは、取りあえずそれを「見ること」にひどく心急いてもいたように思う。

そんなぼくらを先生は森に大きく張り出す山荘のピロティの下に誘い、その日陰のもとで、軽井沢という土地の一帯のこと、季節や浅間山の姿に惹かれる話、その他のことを時を忘れたごとくにいつまでも語られた。

2時間もの時をそこで過ごしただろうか。森に漂う涼気に汗も引き、逸る気持ちもそんな静かな会話の中で鎮められて、いつの間にかぼくらの目も森の細部やその一帯の奥にまで至るようになってもいた。その上で頃合を見計るようにして先生はぼくらを中に誘い、その山荘の上の階に案内されたのだった。

今でもその時受けた強い印象をぼくはよく覚えている。ただ、それを上手に説明することはとても困難なことでもある。

その経験は、一挙に圧倒されるというような大袈裟な場所との出会いではなく、そこに

軽井沢の山荘／設計＝吉村順三

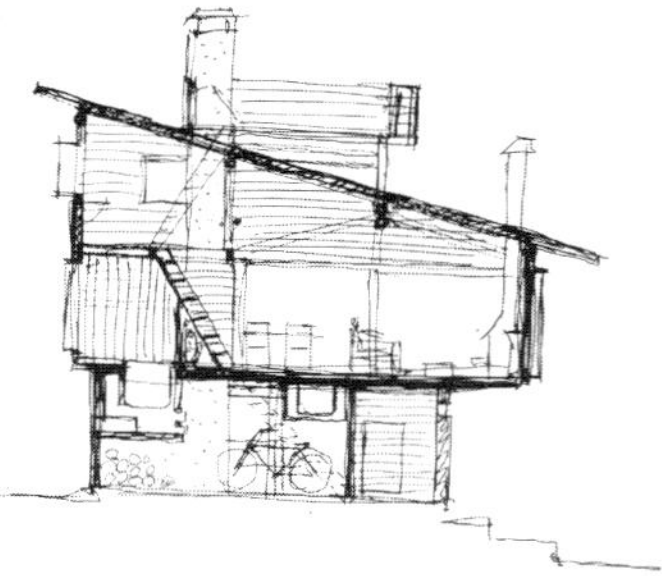
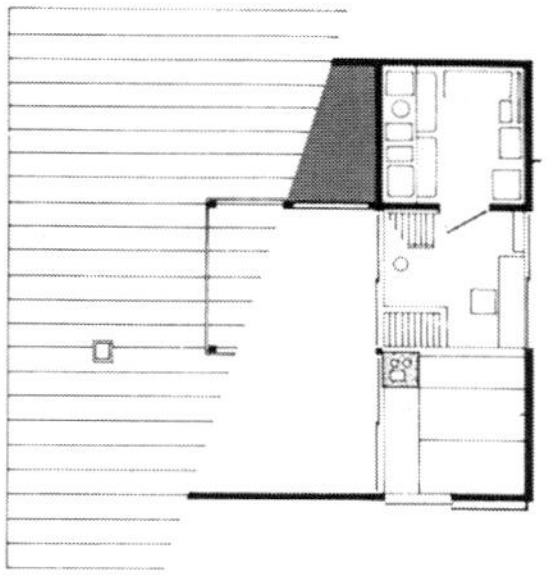

軽井沢の山荘内部

居てゆるやかに心を揺さぶられて行くような、そんな感じにとらわれるものだった。それは図や写真で知っていたその空間の個々の形のデザインをようやく目撃したことから来る興奮ではなく、何か良いものの全体に包まれていくという感じと、そしてもう一つはその上階からの森の視界が下に居ての世界とはまったくに違う新たな秩序を持った風景の経験としてそこにあることから来るものだった。

ぼくがここに「頃合を見計らって」と記したのはあながち勝手な類推ではない。その晩の雑談に似た講義の中で、先生は建築は見る対象としてあるものよりも、そこで人々がさまざまな「時を過ごすもの」であることを熱心に語られた。そんなふうに物をただ見ようとして逸るぼくらの気持ちを、時を過ごす経験という地平に誘われたのは先生のある種の演出やいくらかの作為でもあったかと思うし、そしてそれはまた、建築という世界を「時に身を浸す」空間の経験の中でぼくらにも理解させようとする教師心でもあったのだろう。建築の「見学」が往々にして際立つ部分の記憶にとどまり、ただ心騒がしく終わってしまうという経験はよくあることである。「時間」の欠けたそうした経験は、どうしても印象が物の構成の側に偏るのは仕方がないことだけれど、そのように建築が理解されることの間違いを先生は諭されたのかもしれない。

でも、その晩に夜更けまで語られた話の大半をぼくはもう忘れてしまっている。あまり文章を書かれなかった代わりに建築家・吉村順三の語録はその分さまざまに記録されているから、いつの間にかその時の話もそれらに重なってしまったのだろう。ぼくの記憶に今も漠然として、しかも強くあるのは、その夜の暗く深い森に漂うようなその空間の中で、多岐に亘る話に運ばれて想像が遠く宙を飛び、あるいは語られる身近な現実の事象に目が行き交う心地よい精神のマッサージを受けたような思いばかりである。それは多分字句どおりの「洗脳」といってもよかろうし、それがぼくにとっては吉村順三の拓く建築の世界を、その後「自分なりの想像の中で学ぶ」起点になった。

ディグニティ

正直にいえば、この建築の世界においてすでに高い評価と尊敬を受けておられた先生の諸作を、その頃ぼくがきちっと理解していたかといえばそうではない。一見地味なその作品の実際にある空間の奥深い滋味や新鮮さをある程度理解するのは、この山荘での強い経験を持ってしてもまだずっと後のことなのだったと思う。先生自身の作品もこの山荘の辺りを境に、よりシンプルさやある種の骨格の強さを増しても行く。

一般に吉村順三の建築への取組みは、人々の日々の生活に向けられた温かな目線やそれを具体的化する上での透徹した合理の姿勢において語られ評価されもする。記録された平易な言葉の数々も多くはそのことによっている。ぼくもあらためて今その語録を読み返すとき、「なんでこんなに率直に…」と驚かされもし、つい生気の欠けた観念にはまりがちな自分を反省させられもするのだけれど、また同時に、その作品や言葉の向こうに感じられる、親切さや優しさと語られることとは違う次元の芯のありかを言い当てられないもどかしさもずっと長く感じてもいた。

それがふっと解けたと思えたのは、遥か時を経てひとつの言葉に触れたことがきっかけになっている。それは先生の談話を記録した本の中で微かに見かけた「ディグニティ」というひとつの言葉だった。

「威厳」や「尊厳」をあらわすその言葉は、ごくふつうの理解でいう限り、およそ吉村順三の作風とは遠いものに感じられもしよう。ぼくもその時は最初「?」と思った。でも、それを「生の尊厳や気品」へとその意味を結ぶ時、その数々の作品をつなぎ、その創作の芯のありかがこの言葉をきっかけにしてぼくには少し見えるような気がした。

日々の生

あの御蔵山の超ローコスト住宅から、例えば特異な階級に属するロックフェラーIII世の住宅に至るまで。あるいはまた皇居の計画という一見ぼくらの日常からははるかに遠く思われる世界との取り組みに至るまで。そこにあらわされた場所の気品に通底しているものは、社会的な権威やその形式に向かうものとは違って、むしろ人々のだれもが共通に持つべき「生」の喜びに根を置いた目線の中で取り組まれたものだったのだろう。

芸術の本髄が、常識という衣の中に眠る生の感覚を呼び覚まし、そこに潜む生命の新鮮な喜びをあらためて見出そうとするものであることは論を待たない。時にはただ常識をくつがえすだけの乱暴な行為としてのそれをもてはやす向きもなくはないけれど、それはただその時の状況に対する刺激剤としての反語的な役割しかしない。

吉村順三の仕事とその創作の性質を見る時、人々の日々の日常の具体性に焦点を当てたその取り組みは、そこにこそ人々の生の喜びを支える大切な地平があることに対しての強い確信に裏付けられたものであったろうし、「ディグニティ」というひとつの言葉をきっかけにして、そのことの芯がいくらか解るような気がしたという言い方は、そんな想像を基にしてのことなのである。

(「吉村順三先生の思い出」集　２００５年)

4　場所を紡ぐ／新たな風景へ

風景を解き、そして風景に返す
―金山の火葬場―

杉の森に送る・金山

1　広野の中の影

目に染みる赤い小さな鳥居がある。それは、黒い杉の木立ちを背にしている。キラキラと眩しく遠くまで広がる平らな風景の中に、ひと塊の木々の群がそこにだけ一点の深々とした影を宿す。

それは、人々の作為が生む以前の必然。眩しい光に晒された広野の中に、おのずから誰もがいくらかの心の安らぎを求めて、作るというよりも残された「影」の所在のようにそれは思える。赤い小さな鳥居は、その影に付された人々の共感の印。その影の奥へ人の想像を結ぶかたち。木立ちに踏み入れれば、そこにはただささやかな祠があるだけだ。

一帯の広い盆地を歩くと、所々でそんな風景に出会う。

峠から金山の町

赤い小さな鳥居

若い杉の森の内

2　峠から

金山の町を見晴らす峠に立つ。

そこから道はゆるやかに蛇行して下り、ひと叢の黒い杉の森を境にくっきりと平地を刻むまっすぐな線となって町の中心に向かう。遠くに特異な形の三つの小山と、その左手の空にはやわらかな姿の鳥海山が浮かんでいる。心なごむ風景がそこにはある。

峠から見るその森は、ひとつの結界のようにも、また町の守りのようにも見える。あらかじめの知識なくその風景を前にしても、眼前の全景の中に占めるその位置も、その印象も、そこがとても大切な場所であることはひと目で明らかだ。森とそこに宿された深い影。ひと叢のその森は奥深さと静けさにおいて、それ自身が清い斎場でもあるだろう。

いたずらに建物のかたちが目立つことなく、人を送る「その時」の経験の場所を森の空間の中に拓くことができればと思った。

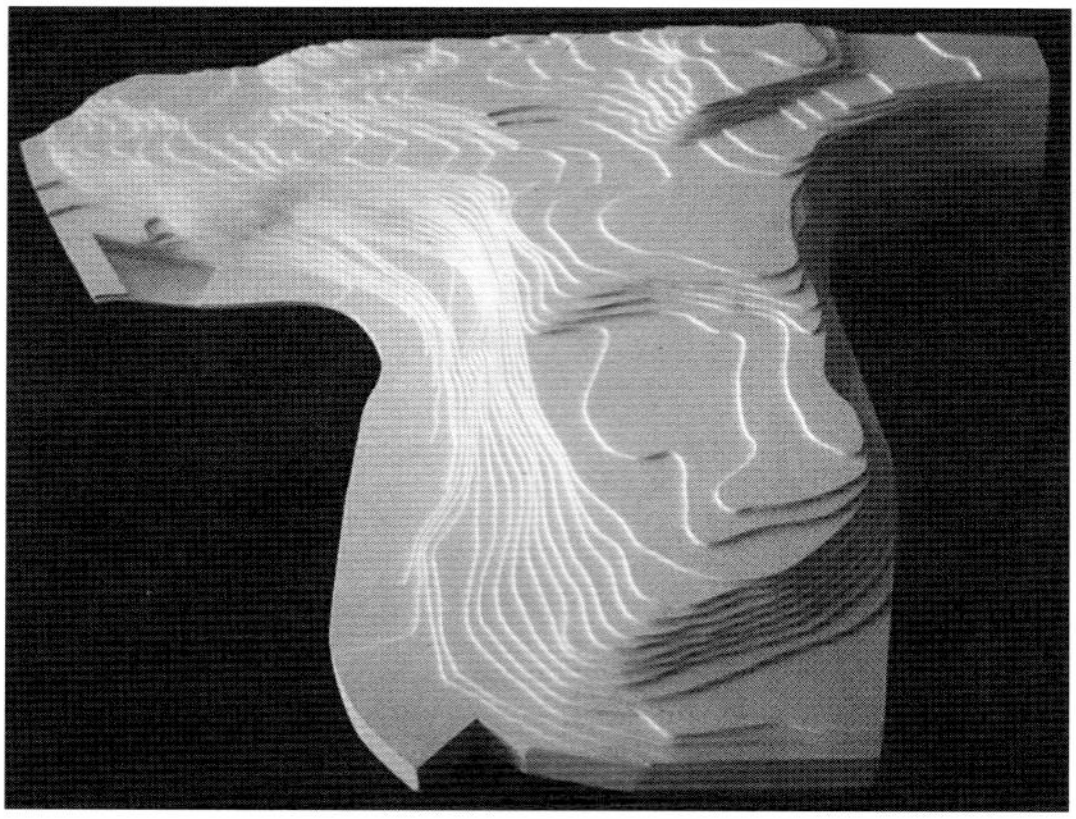

敷地の地形モデル

3　荒れた、まだ若い森

雪の日にその中を歩いた。それがこの土地とのはじめての出会いだった。まだ若い杉の木々は、冬ごとに重く積もる雪の痕跡をその形に宿して曲り、荒れて、下枝を枯らしながら今ようやくにして垂直な幹の形を整えようとするかに見える。

あるがままに倣いながら、なおその土地から見出されるもの。そこに散在する風景を人々のひとつの経験の脈絡に取り結ぶかたち。それを探す。

4　その土地の形

川が平地を削り、小丘のように残された地の形。それがこの計画の土地。歩く経験から得るその土地の印象と俯瞰して掴むその土地の形の事実とにはいつもいくらかのずれがある。そのどちらもが建築の構成を思考するのには大切だ。一度俯瞰してとらえられたその事実は、もう一度そこを歩く経験の目に返される。西にある町道からその小丘のささやかな森に踏み入れてこれを抜けると、田の水平な広がりの向こうに波打つように連なる奥羽の山並みの風景に出会う。道から森の懐を抜け、その先に開けるおおらかな風景を結ぶ線。それがこの土地の経験を束ねるひとつの軸になるように思われた。

5　ランダムなスケッチ

しばらくはいくつかのとりとめないスケッチを繰り返す。近在を歩いて見

△最初の検討スケッチ

△森の入口とその懐

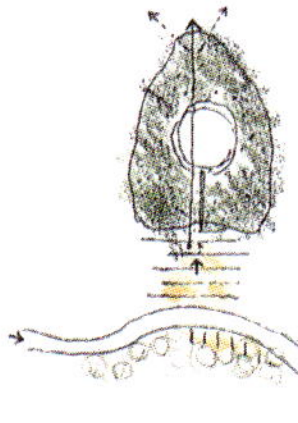

△大きな構成をつかむ

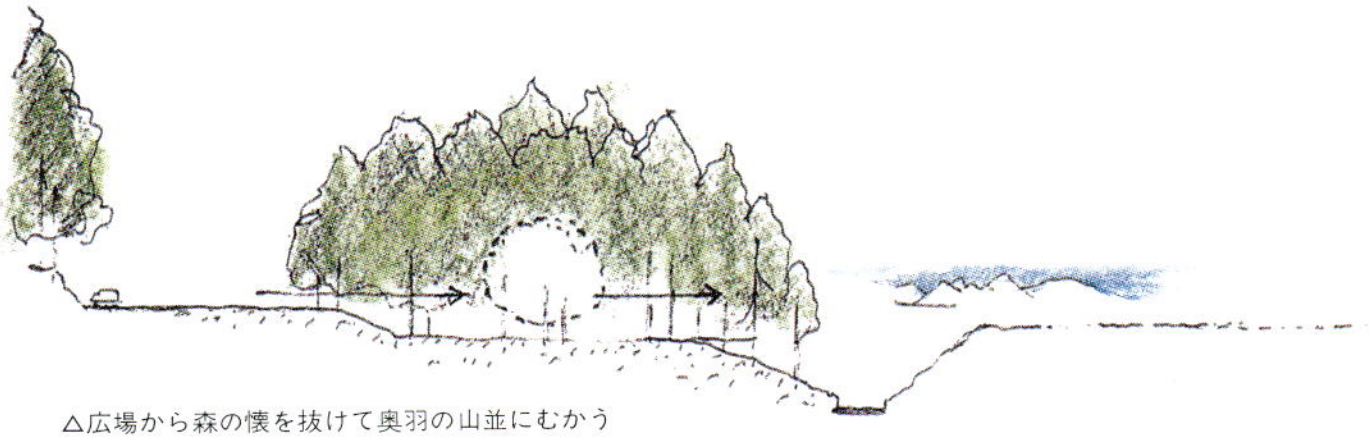

△広場から森の懐を抜けて奥羽の山並にむかう

△告別室のイメージ

△初期の構成エレベーション

△導入部を考える

△町道からのアプローチ

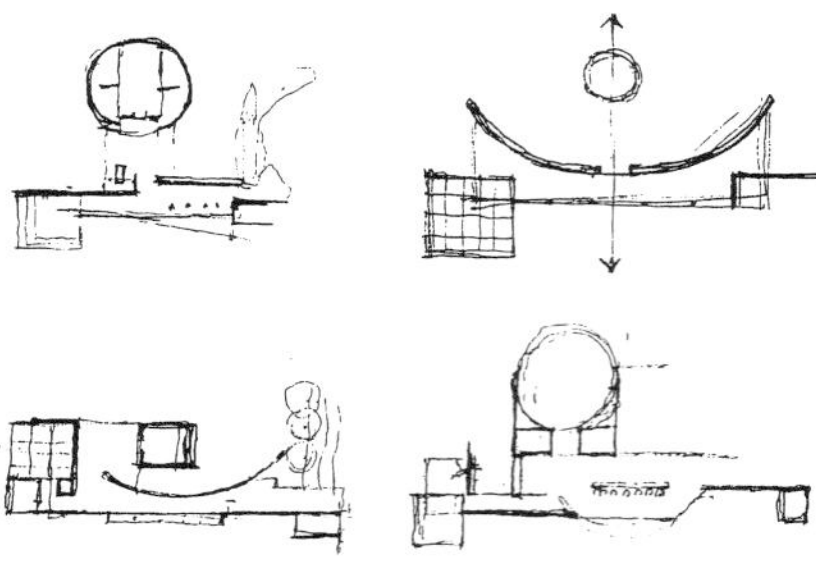

施設構成スケッチ

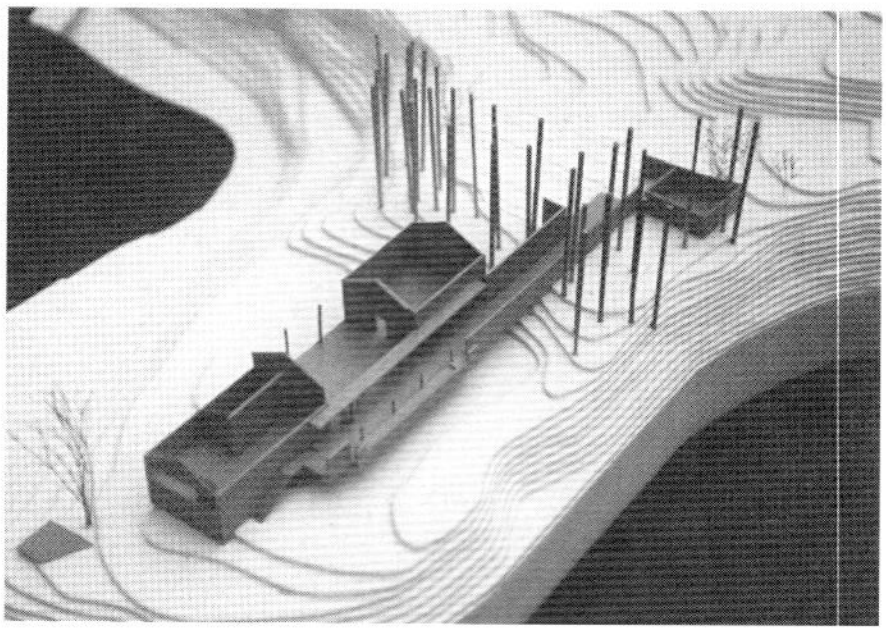

最終構成モデル

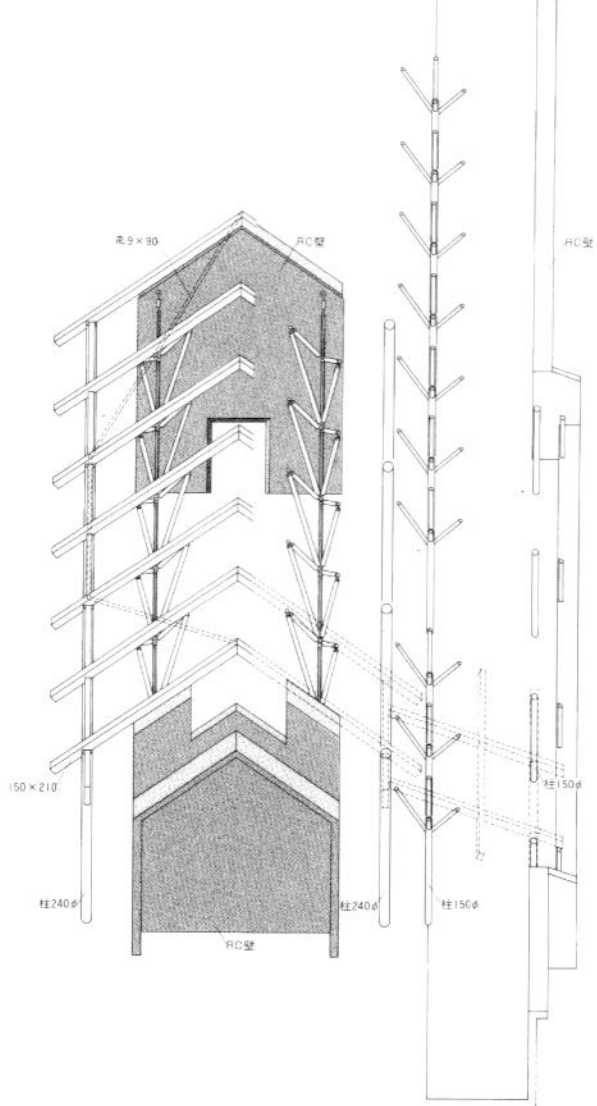

▽架構構成図

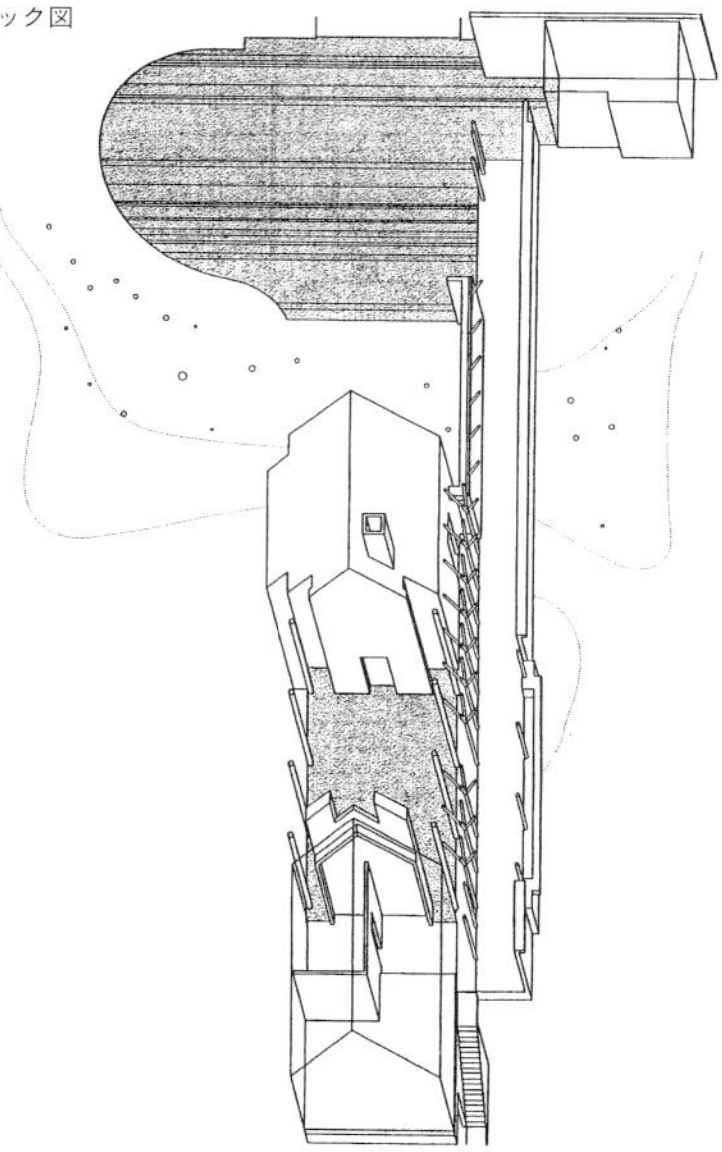

▽全体アクソメトリック図

掛けた森と朱の鳥居の風景がそのイメージの中に去来する。それは、その形そのものではなくて、そこに惹かれた気持ちの理由について思い巡らすことだ。

杉の森の懐を、人を最後に送る場所の芯にすること。その場所と他との区切り。気持ち整えるそこに至る道筋。そして、荒れた木々の中から見出される秩序ある視界。

6 見えてきた場所の構成

その場所の骨格をつかむエスキースを進める。単純ないくつかの原形のモデルに映し出される「その時」の経験としての場所のかたち。その選択の迷い。その土地の具体に照らして選ぶその基準は、少しでも杉の木立ちを

竣工の日の告別室

多く残すかたちに絞られて行く。

そして、その結論はとても単純なものになった。道から森の奥懐を抜け、そしておおらかな奥羽の風景を結ぶ軸に沿って諸室を配置する。その懐に告別の場を置こう。土地の段差を利用し森の中を抜ける風を遮らぬ浮いた一部の高い床。それが冬の深い積雪にも、また、杉の木立ちの風景の経験においてもよく適う構成《かたち》に思われた。

コンクリートの高床と炉室。そして、一切を土地の杉材によって場所を拓く。

7　架構へ

日本海から吹き寄せる風が鳥海山を回り込んで冬この一帯にたくさんの雪を積もらせる。

その空間の内部にあっては多雪に耐える重い架構のかたちはできることならば避けたい。力を広く分散する樹状の柱や立体のトラス。それを用いて全体を軽く場を包むかたちに向かう。
多分それは、この火葬場という場の性質と森の暗さに対する警戒の気持ちからでもあったろう。

8 雪の中の工事

工事の最後は雪の季節になった。

テントの下で進む外の工事。音は雪と木々に吸われて奇妙な静けさの中を人が忙しく行き交う。中はいっぱいの音。そのむこうに深々と雪に覆われて行く森。

導入部の窓に添えられた6体の彫刻（制作＝山本正道）

一切の仕事の痕跡が消えた完成の日、杉の木立ちを抜ける陽光が深く部屋の奥を照らした。

9　杉の森に送る

雪の土地との出会いで始まったその仕事は、季節をひとめぐりしてそれを再び雪の風景に返すことで終った。

彫刻家の山本正道さんが、金山の四季をモチーフにした心安らぐ小像を、人を送るその道筋の窓に添えてくれた。

杉木立ちの中の火葬場

告別室

金山の火葬場

所在地／山形県最上郡金山町
敷地面積／５０３３㎡
延床面積／３７５㎡
構造規模／ＲＣ造＋木造平家建
竣工／１９９５年
設計／益子義弘＋浅野崇＋益子アトリエ
施工／沼田建設
建主／金山町

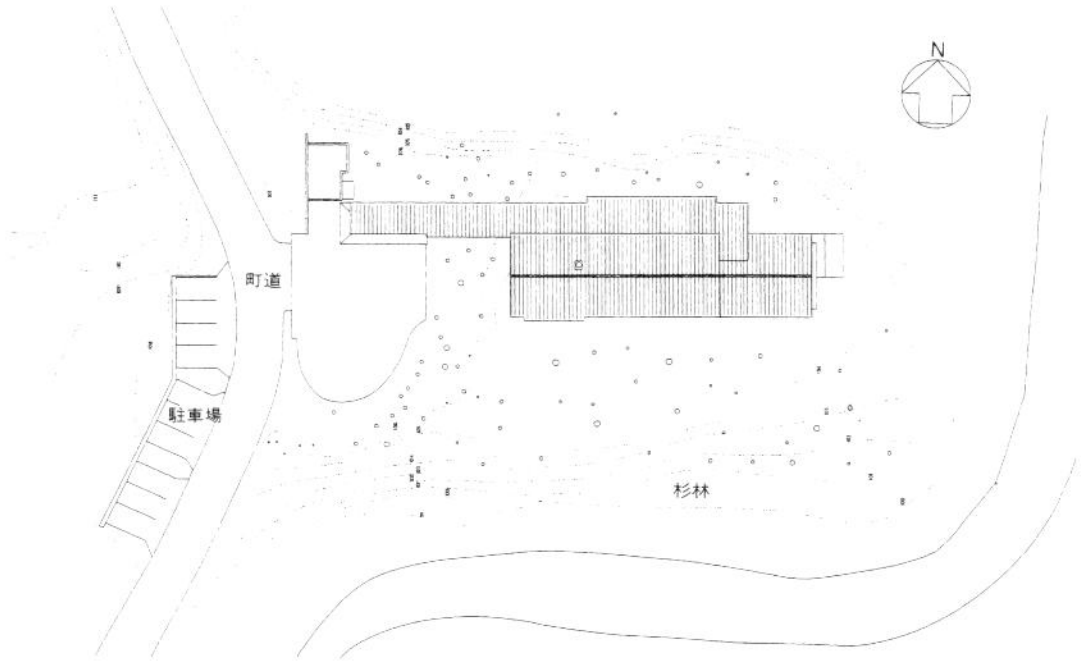

△全体配置図

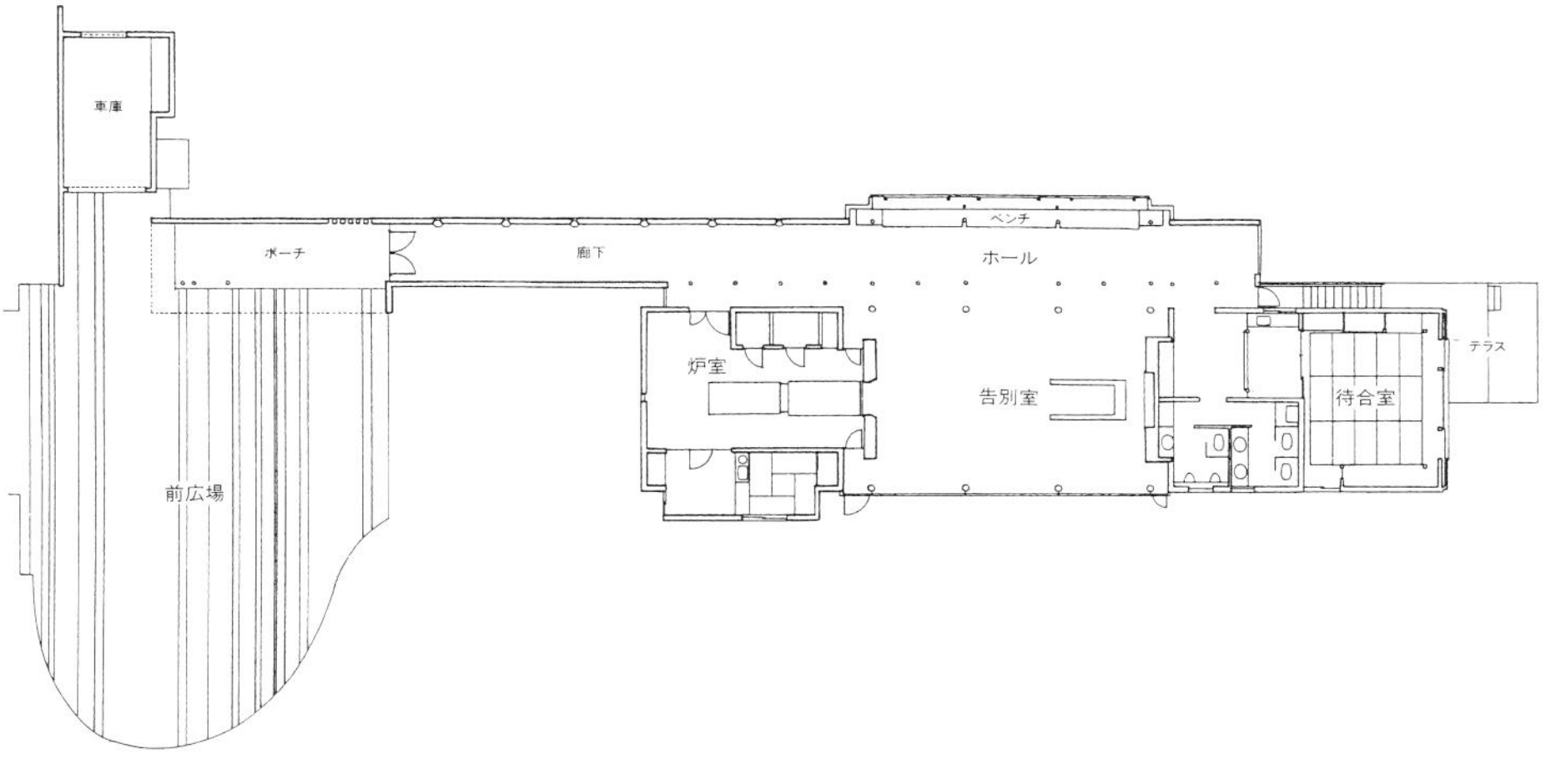

△１階平面図

ホールのブラケット照明

ポーチから入口ドアー

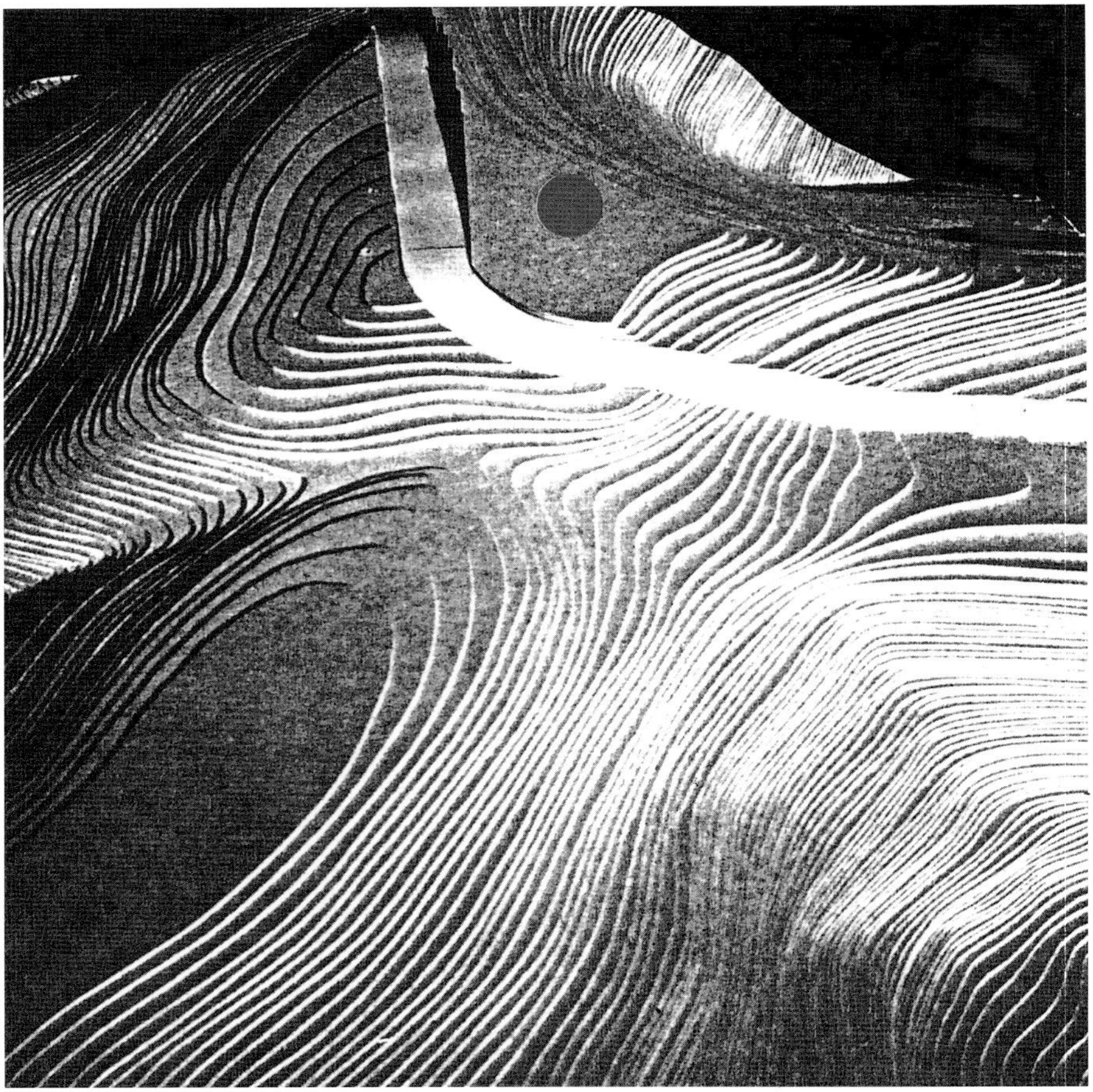
周辺地形モデル

生活の多様と風景を結ぶ
―箱根の家―

1　箱根

箱根はことのほか湿度の高い土地柄である。海からの風が急な山を這い上り、冷やされて湿り気を辺りに漂わせる。木々の緑が深々として美しいのはそんなためかもしれない。

その場所は芦ノ湖に近い標高1300mの丘の頂きにあって、麓の湯本から七折れの坂道を上るにつれて次第に涼気が増して行く。木々の姿も葉の色合いもわずかな距離の中で次々と変わる。

風景の肌理を湿り気のある空気が織るように見える。

敷地の地形モデル

南方向のスケッチ

西方向のスケッチ

2 風景を解く

見通しの良い冬の晴れた日に、その土地を訪ねた。

箱根は以前にも仕事で何度か行き来をしたから全体のおおよその土地の状態は知っている。一帯の大まかな地形もその骨格のモデルを作ることで見当がついた。

でも実際にその土地に足を運び、その場所にじっと居て得る印象は、そんな記憶やあらかじめの土地の想像とはずいぶんと違った。当たり前のようなことだけれど、土地との出会いのそんな想像と実際の経験の落差にいつも興味惹かれる。南の視界を茫洋としてふさぐ二子山の大きな腹。やわらかな駒ヶ岳の山の連なりに運ばれて行く西の視界。その風景の連なりを乱暴に破るようにして空中を電線が走り、

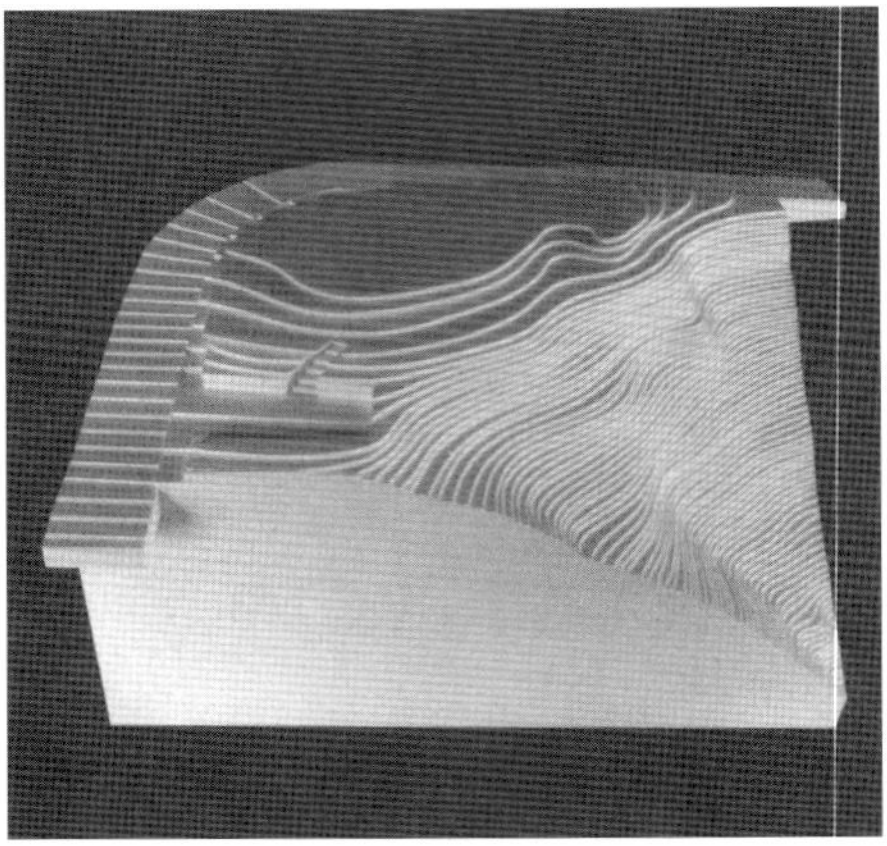
地形モデルイメージモデル

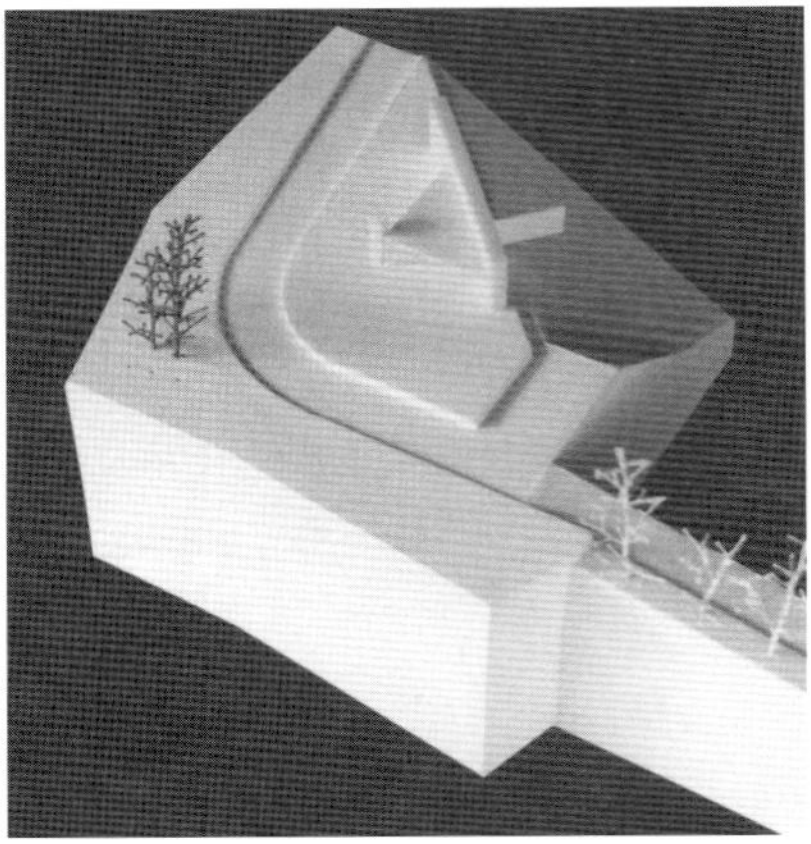
中間段階のモデル

大きな電柱が南西の道の角に立つ。スケッチを取りながら一帯の風景を頭に刻み、これをあらためて人の居場所につなぐ形に思いを巡らせる。

3　経験のかたち

その場所の経験と印象を少し整理し強調する、そんなモデルを作った。とりとめのない経験をひとつの場の形に昇華するためのいくらかの操作が必要に思えた。

4　その土地の形

方位軸に沿ったほぼ正方形に近いその土地の括りは、その対角を結ぶ線を境にして平地と急な斜面に分かれている。明るい平地に対して、桧の林立する北の斜面は奥深い影の空間をそこに宿す。その陰陽の対比的な土地は、共にどちらも魅力的だ。

三角の空間の基本の形は、方位と正対する場所や地形の関係からおのずから生まれた。スケッチを取りながら頭を悩ませた視界を破る電柱は、そ

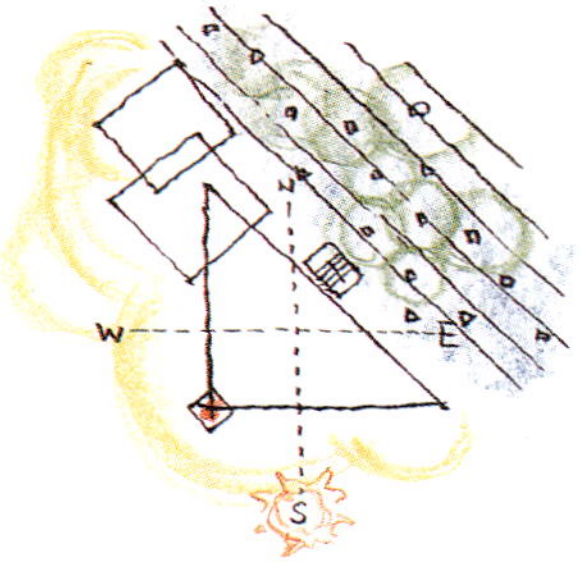

△原型に加わっていく要素

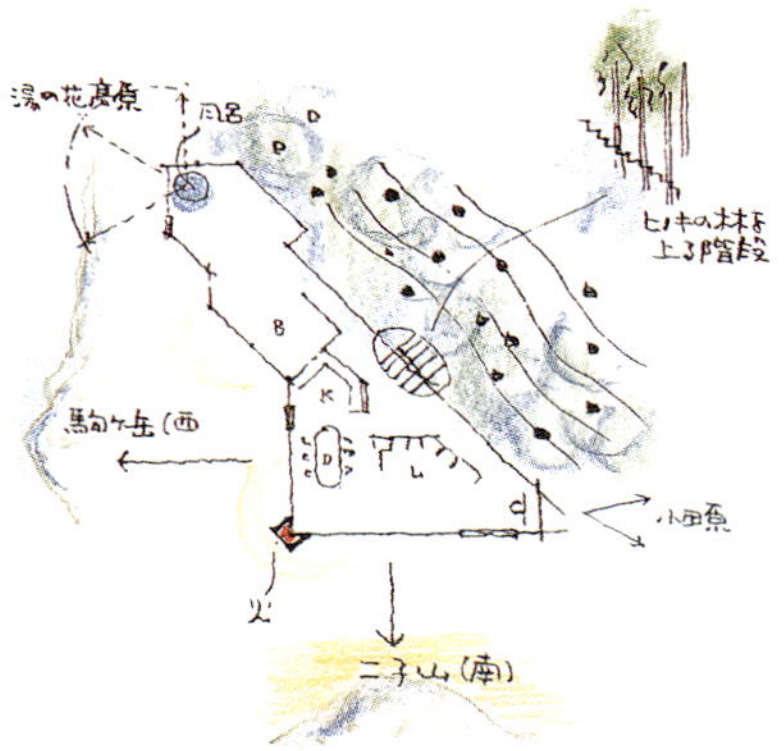

△おおまかなプランニングスケッチ

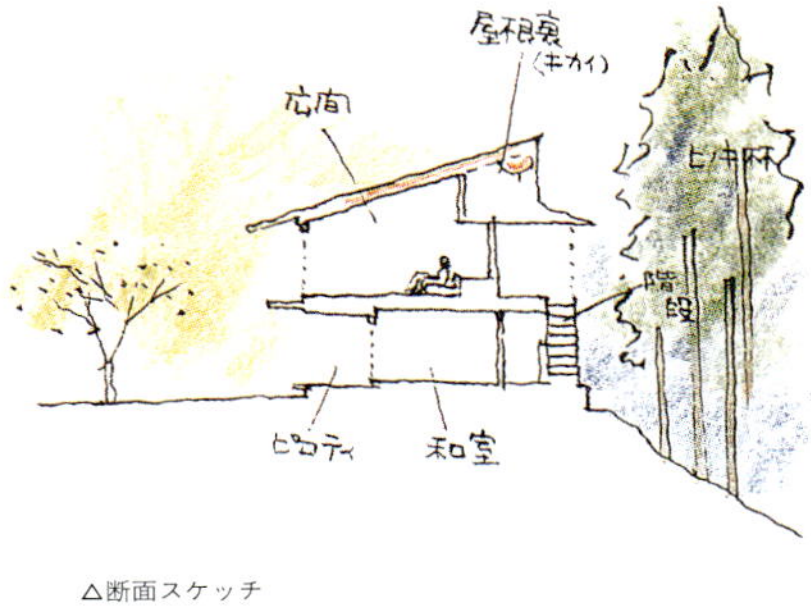

△断面スケッチ

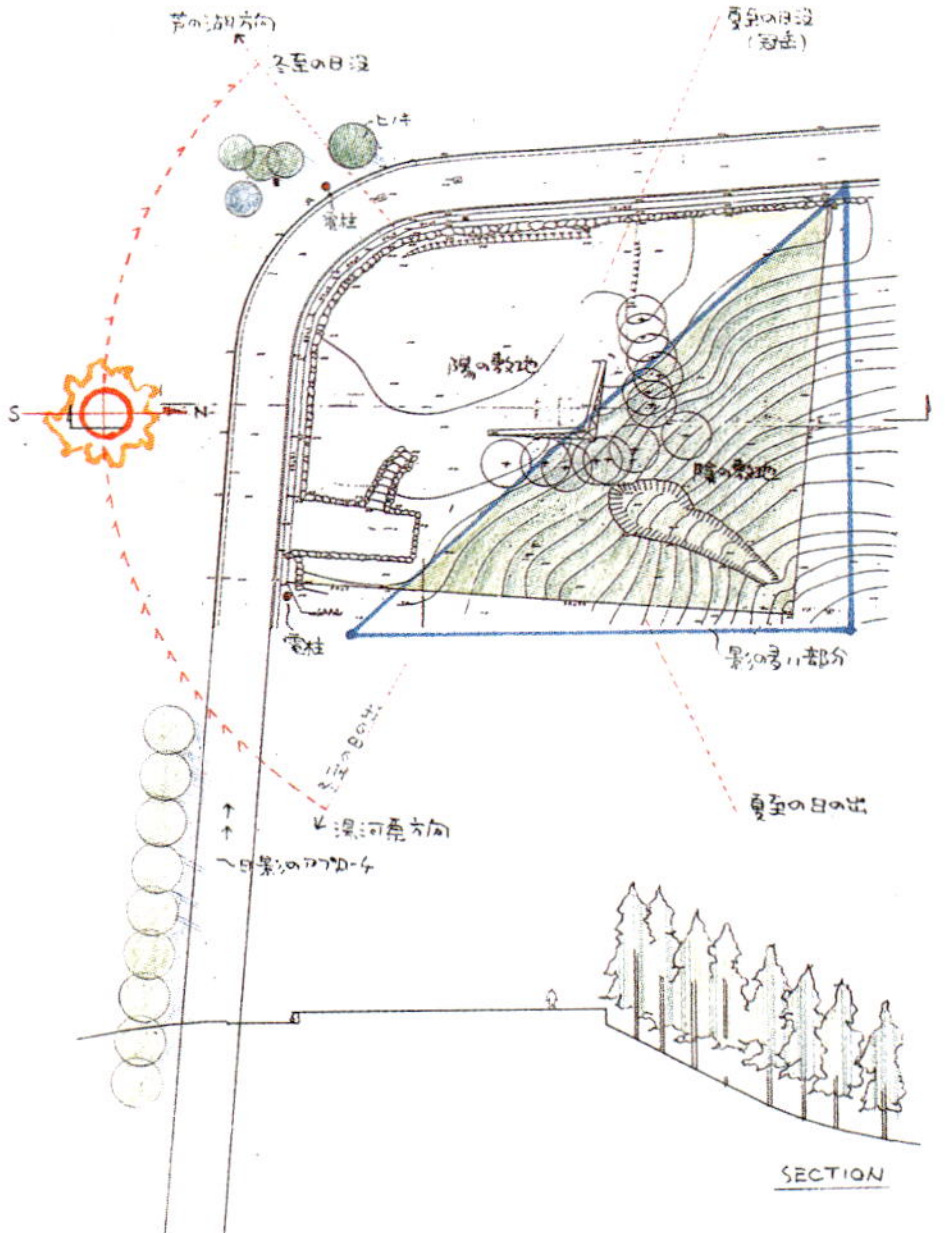

△環境のおおまかな把握

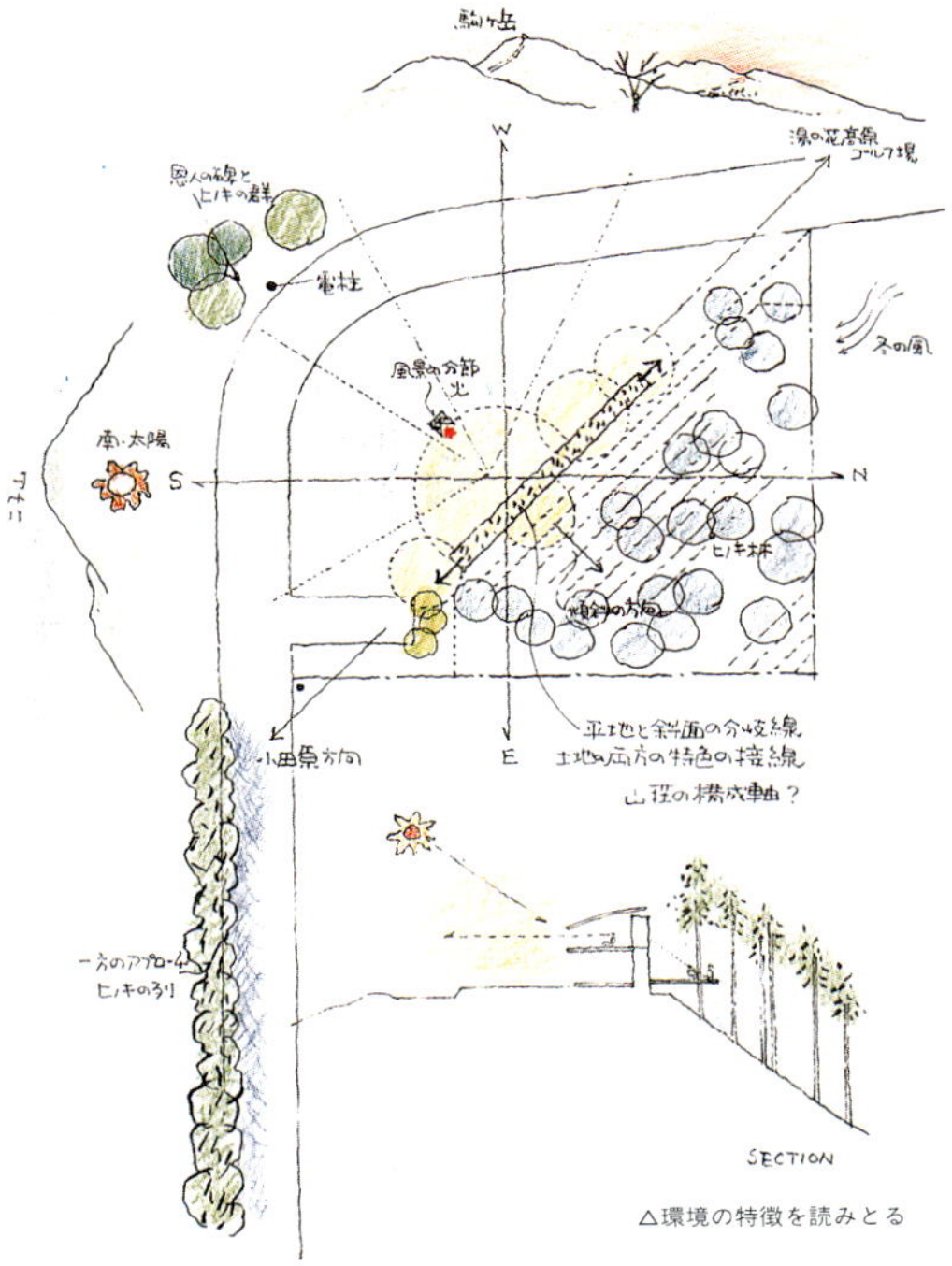

△環境の特徴を読みとる

△桧の林に沿う階段

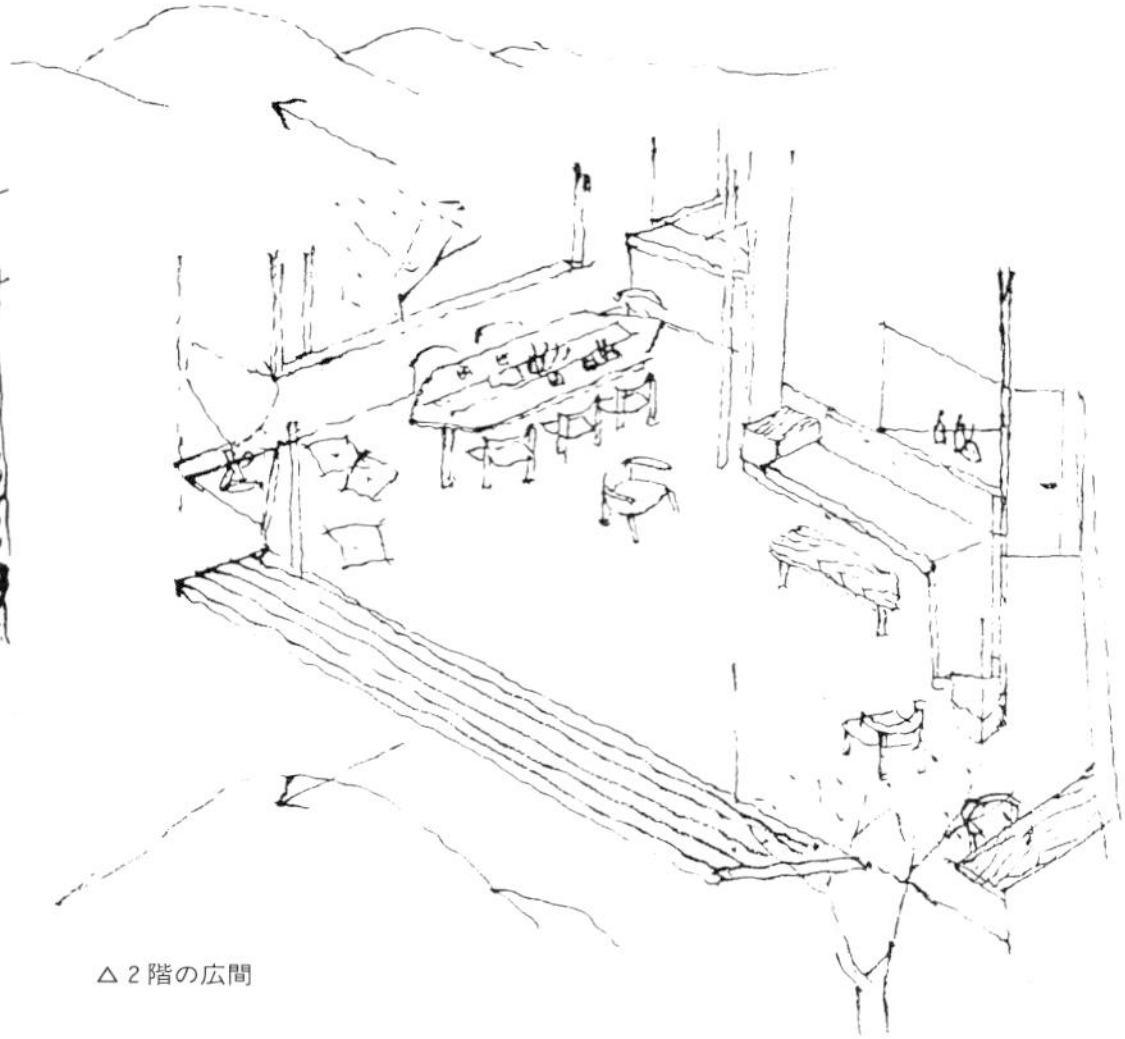

△２階の広間

△浴室の初期のスケッチ

▽最初の構成モデル

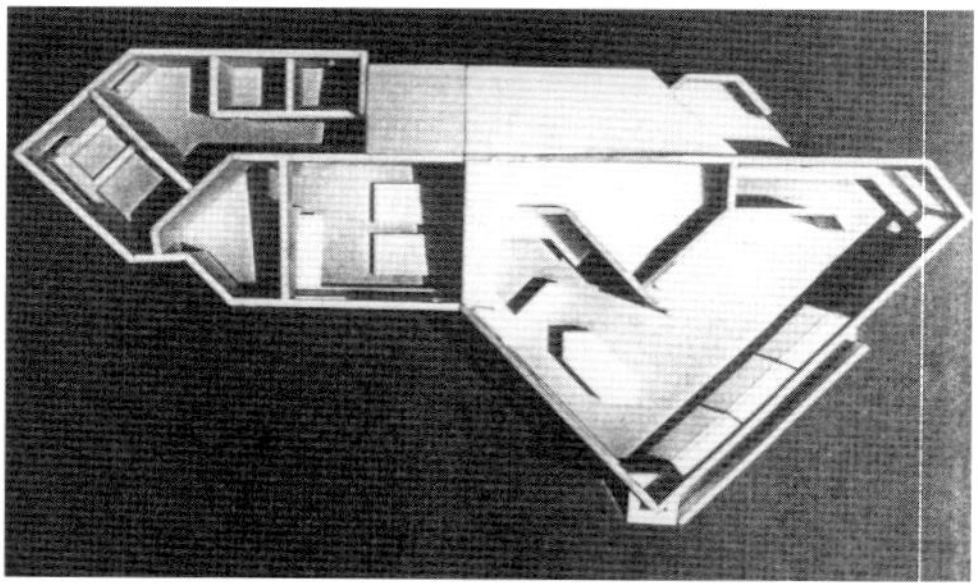

の三角の頂点に火の場所を置くことで消そう。それがあらためて二つの風景をつないでもくれるだろう。

5　その骨格の形

三角の原形に乗せて風景と場所との交歓のありようを解く。俯瞰的に見るその骨格のシンプルさに惹かれながら、生活の多様、風景の多面さに照らせばその形はやはり窮屈だ。

　生活の個々の場面、そこに住む人の居場所の重心、それと周囲の風景との結び。そんな状態を空間に重ねて織るにつれて、最初の単純な形は一度とりとめなく歪になる。

6　個々の場所と架構の秩序

広間のソファーコーナー

個々の場所の要求にすっかり歪に膨れてしまった全体を、ひとつの形になだめるにはちょっとした苦労がいる。あらかじめその形を定めてその枠取りの中に個々の場所を刻むのであればそんな苦労はないだろう。でも、そこには発見もない。そこに安心な場所の拠り所や、そして空間としてのひとつの秩序あるかたちを見つけだすのは楽しい作業だ。

おぼろげな全体に確かな形を与えるのは、ここでは木の架構。その秩序の中でもう一度個々の場所のありようと必要をそ

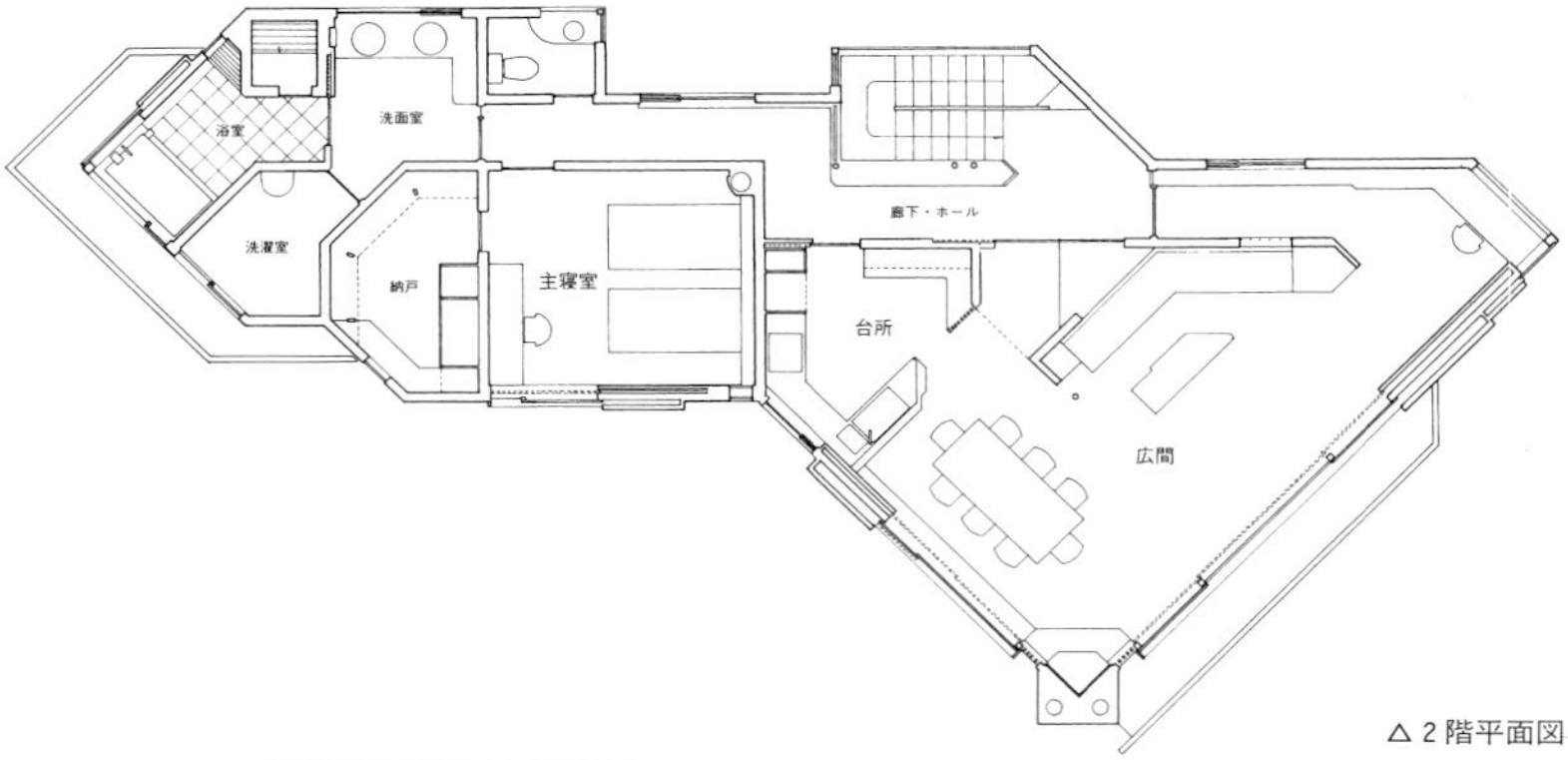

△2階平面図

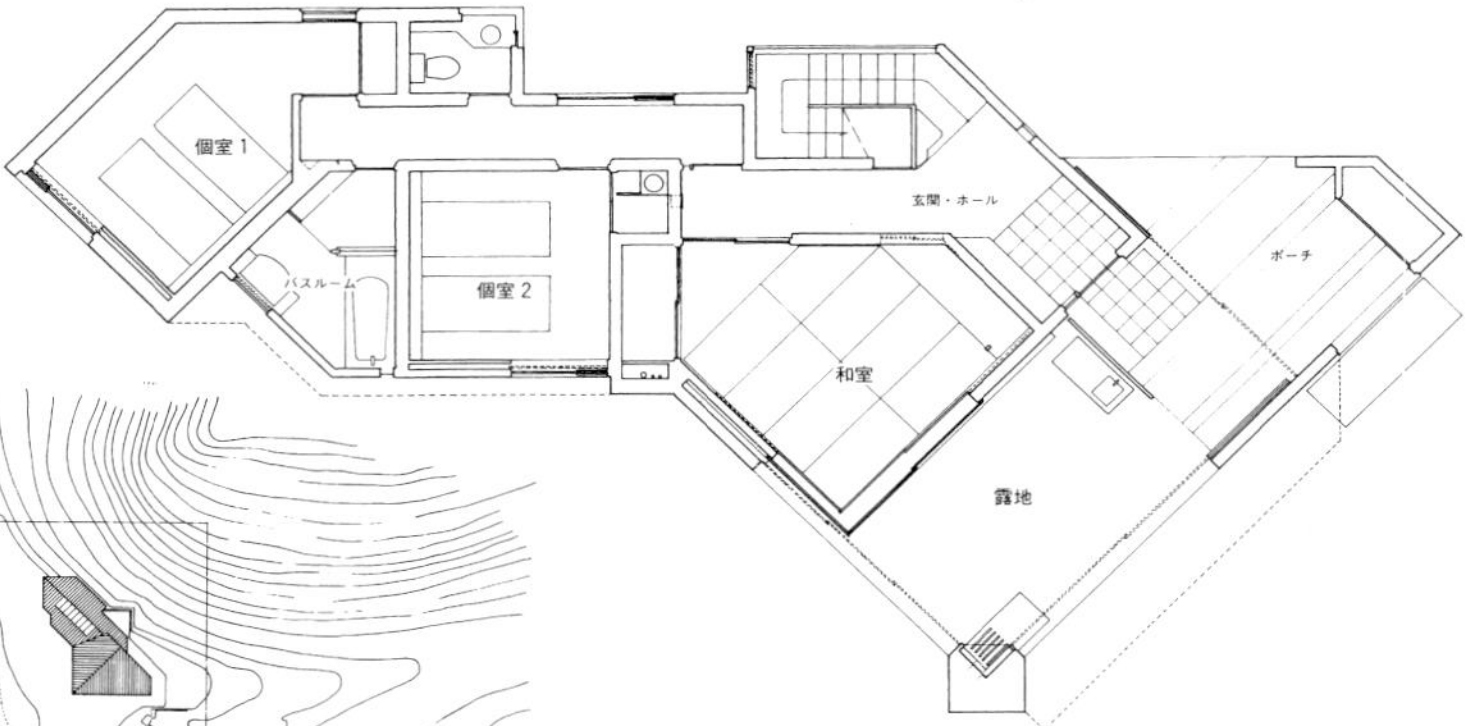

△1階平面図

▽配置図

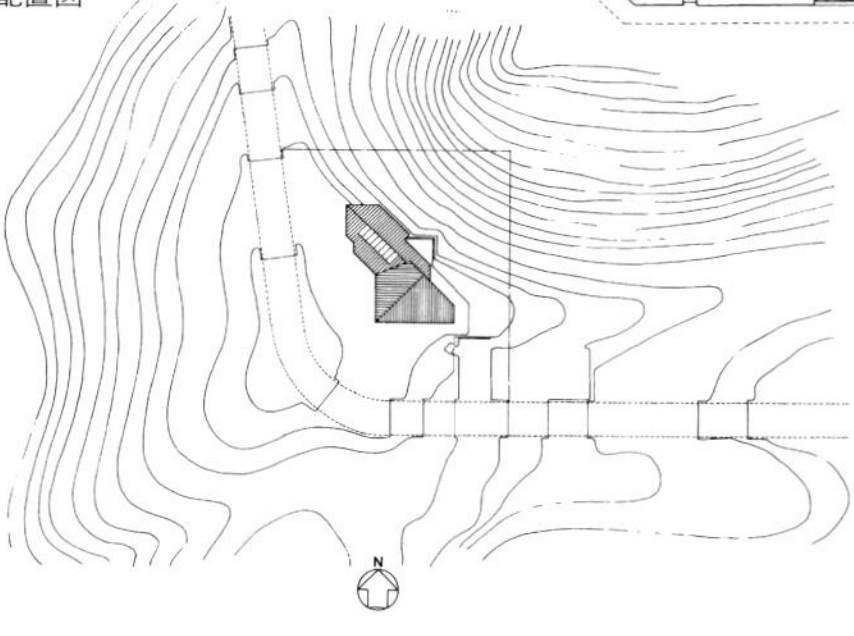

▽南側外観のスケッチ

箱根の家
所在地／神奈川県足柄下郡箱根町
敷地面積／１２６８・６㎡
延床面積／２００・８㎡
構造規模／１階ＲＣ造＋木造２階建
竣工／１９９４年
設計／益子義弘＋益子アトリエ
施工／水野建設

南側外観

広間からみた南側の風景

の形に添えて解く。

７　風景に返す

そこに住もうとする人の意思。その生活の日々の多様。それをこの土地と結ぶかたち。その答は多分無限にある。

その中のひとつの答を、この土地の風景に返す。

南西側外観

場所を織る・そして山荘に至る
―明野の家―

1　山梨県明野村

茅ケ岳のなだらかな麓に開ける、名のごとくに眩しい光の野の村である。

西に下る村の斜面は、川を越え低い山並みを越してやがて南アルプスの大きな壁に連なり、北には八ヶ岳が控える。そして、あろうことか、冬の澄んだ日、遠く南には富士をも望む場所である。大きな大きな空間と風景がそこにはある。

ある人が、縁あってその場所を知った。そしてその場所に長くとどまりたいと考えた。それがこの小さな建築の発端である。

人がそこに住もうとする意志とその場所を結ぶ。

もしも、幸いならば、ただ野に居るよりも、より深くその土地や風景と人とを結ぶ。それがその場所に築く建築の役割であろうと、そして

西の風景

北の風景

辻の野仏

それがぼくらの担う仕事であろうかと、考えた。それがどのように可能かを、その場所に立って思案した。

2　二つの風景

初冬に、はじめてその場所を訪ねた。雪を冠むる南アルプスが大きく西の澄みわたる空を支配し、その土地の背を冬枯れの雑木の林が囲いこむ。

その林の裾に三体の野仏を見つけた。限りなく優しい像がその土地のある道の辻にあった。野仏に出会ったのは幸いだった。その後何度かその像と会ううちに、そこに為すべき何かが解けて行くような気がした。

そこには二つの風景がある。

ひとつは広大な空間に開ける山野。もうひとつは野仏の石のひだに刻まれ、その像に誘われて広がる心の内なる風景。山野は、ただそれだけでは広大なままだ。風景はぼくらの心の肌理をもってはじめて、それはただの広大さを越え

●土地の相

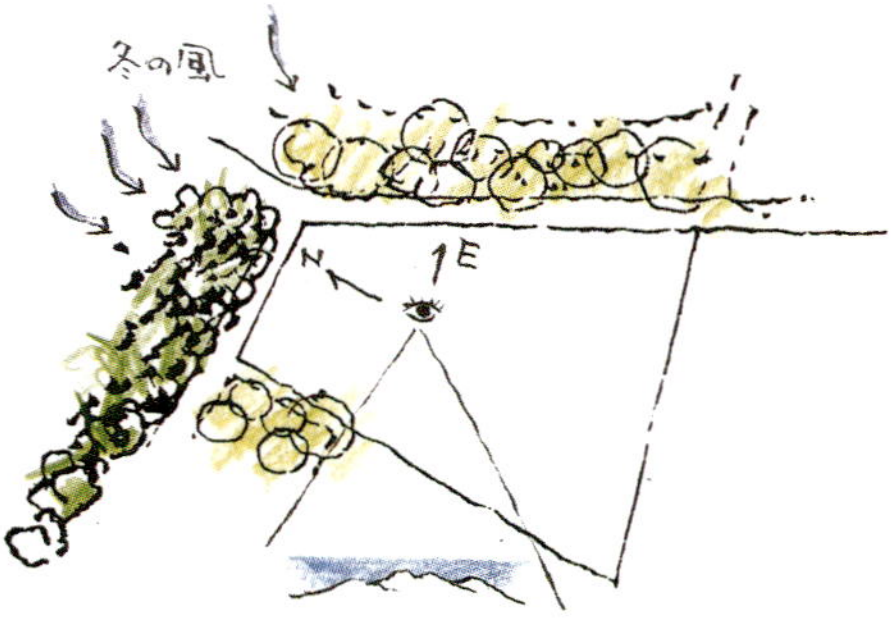

△大まかな土地の骨格

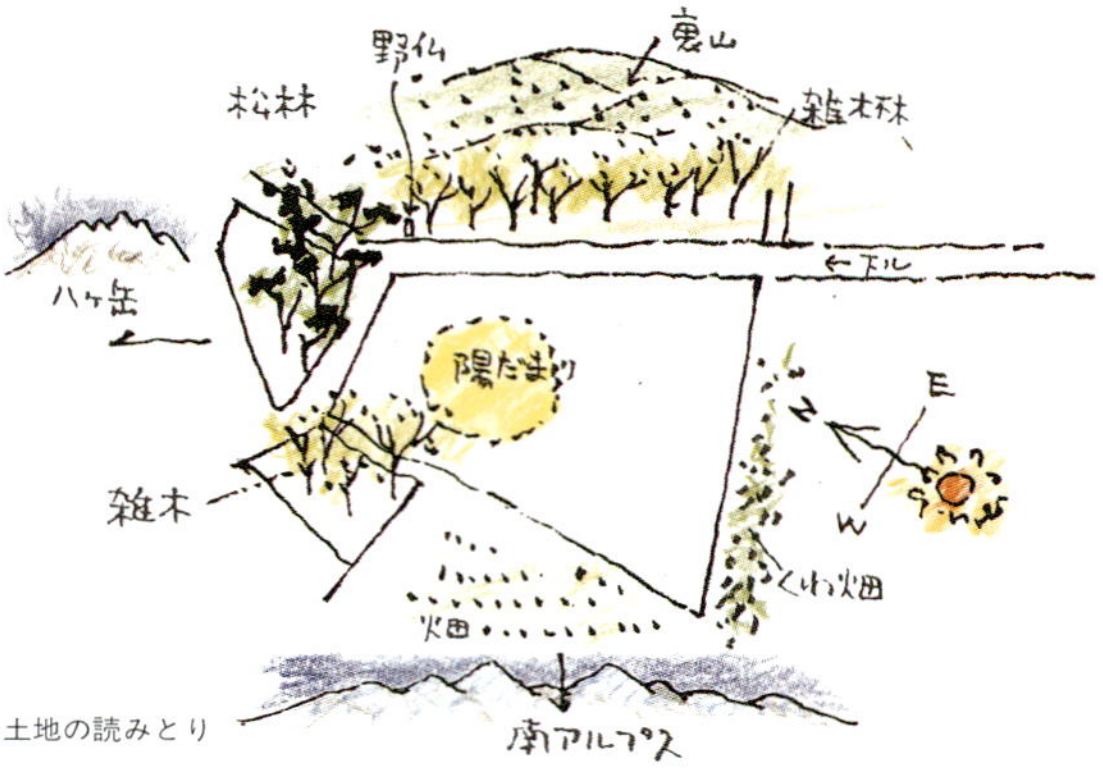

△土地の読みとり

▽西の山並み

た存在になる。

人が内に持つ心の肌理を建築を通して織ること。そのことを通して、人のその場所における経験の枠取りを、より大きなものに拓きだすこと。

多分それがその場所と人を結ぶ命題であろうかと考えた。

3 土地の相と場所の想

桑の畑だったその土地は、人の居場所としての大まかな骨格をすでに備えているように思われた。その土地を見出した人の確かな目が、はじめてその場所に立った時に深く感じられた。

開かれた南、西に緩やかに下る大地の傾き、北の冬風を遮る松の林、東の土地の高まりと雑木の群、それに保護されるように陽だまりがある。

桑の木の刈りとられた粗い裸の土地に、人が身を寄せる場所のかたちを思案する。

このおおらかな遠くの風景と人の結び。陽の運びと共にある場所の明暗や陰影。山を駆下る北の烈風や寒気からの守り。気持ちをほどく木々の細部、一枚の葉。一人の場所、二人の場所、大勢の集り。そして、日々織り成される場所の多様。

●土地の相

●場所の相

△モザイク的な場所の相

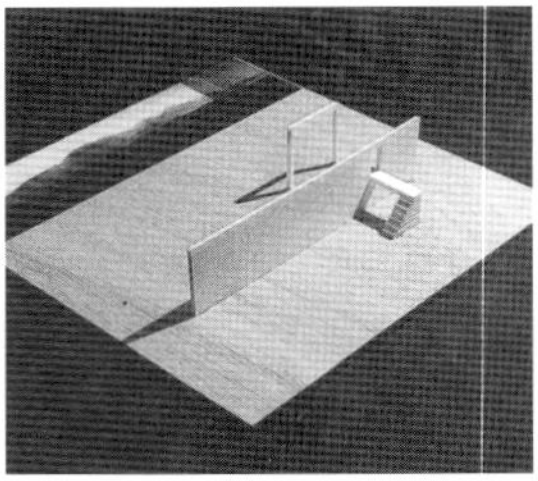

△モデル1：風景を閉ざす壁と風景に向かう道。そして風景との新たな出会い

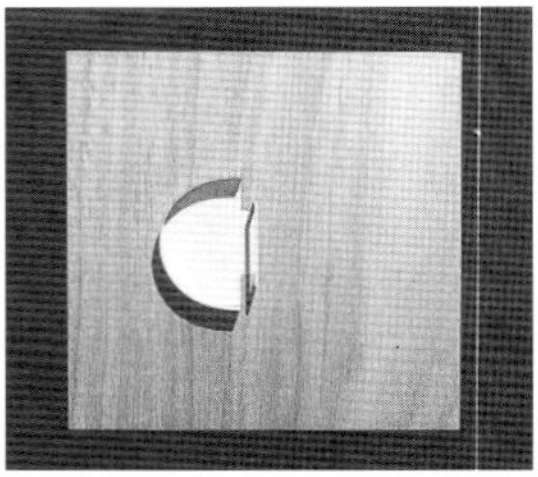

△モデル2：安心な場所のありようを考える。囲みの形や、内と外を繋ぎまた分節する塔と中空に浮く床。

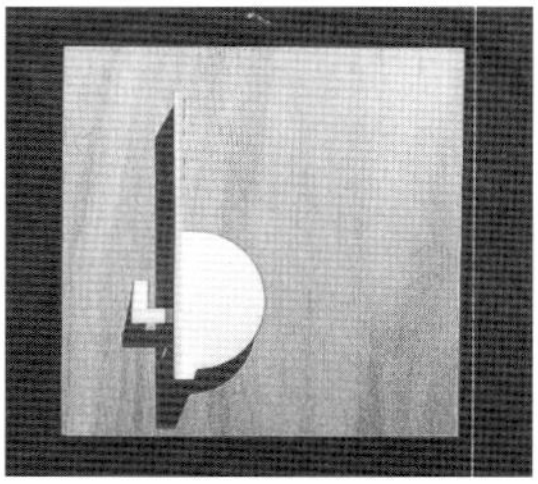

△モデル3：モデル1＋モデル2。風景に向かう凸の場。そこに人の居場所の膨らみを加える。

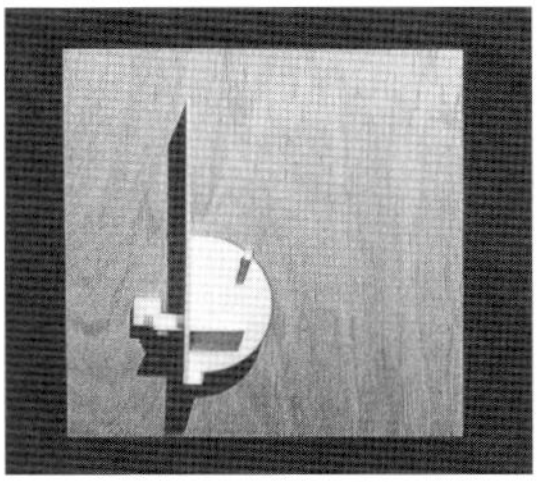

△モデル4：モデル3に場の基本的な骨格を刻む。↑南（陽光）と→西（風景）の方位を分ける火の塔。

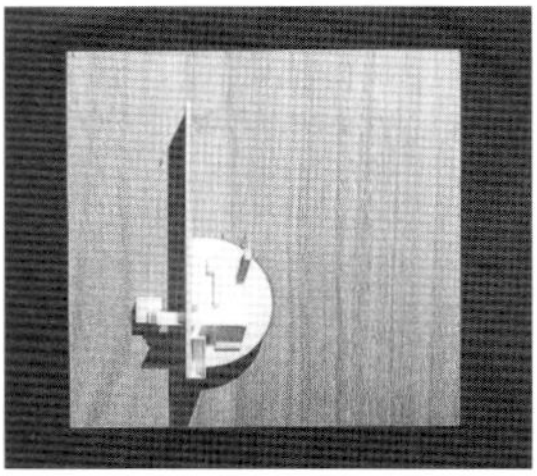

△モデル5：モデル4に生活の細部を織り込む。空間の明暗や大小、位置の持つ特性に誘われる生活の場面。

△モデル6：モデル2（囲みの形）から、凹の空間の持つ特性に基づいてもうひとつの基本形を考える。

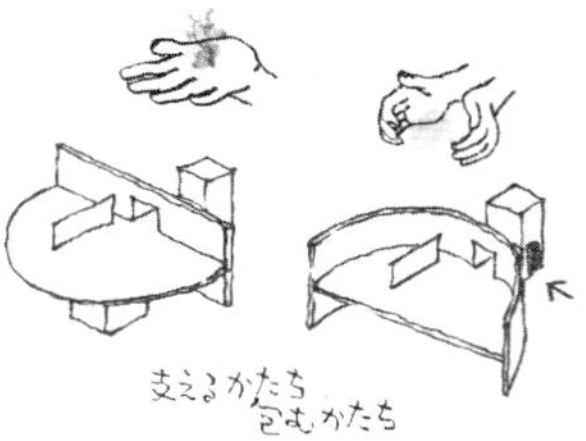

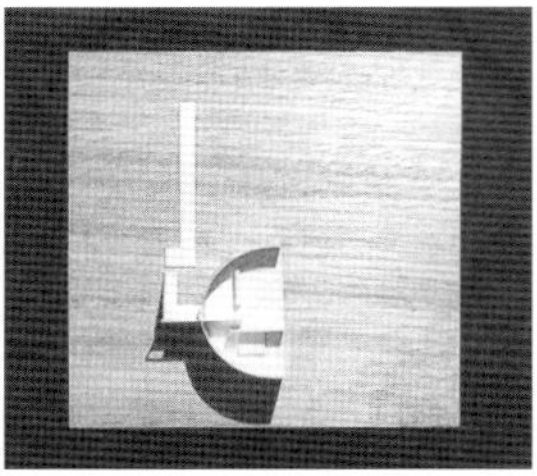

△モデル7：モデル6に生活の細部を織り込む。モデル5（凸）の骨格との著しい対比。

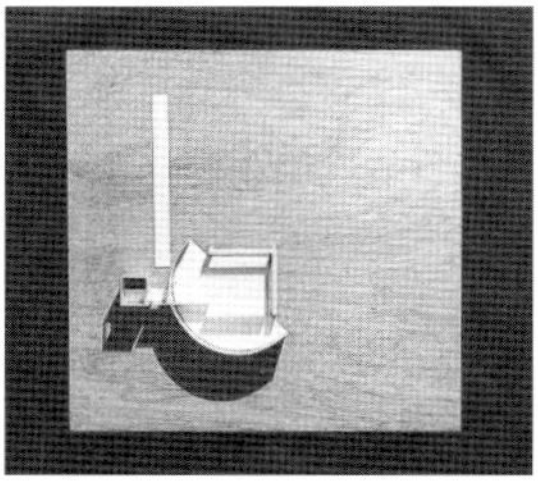

△モデル8：モデル1〜モデル7に現れたさまざまな特性を合成する。一つの建築体としてのかたちに至る。

いつも最初の思いは、モザイクのかけらのように、千々に乱れ散らばって行く。それを束ねる芯は、多分、山々の大きな風景と野仏の内に見出すもの。

4　最初のエスキース

つとめて情緒的になるまいと心掛けながら最初のエスキースは進めた。

つとめて単純な、明らかな図形をもってその場所に臨む空間のありようをドライに見定めたいと思った。その地平の向こうに、もしかしたら具体化すべきささやかな建築の具体像が見えて来るかも知れない。

そうアプローチするのは、いくらかはぼくの性癖によるところのものである。

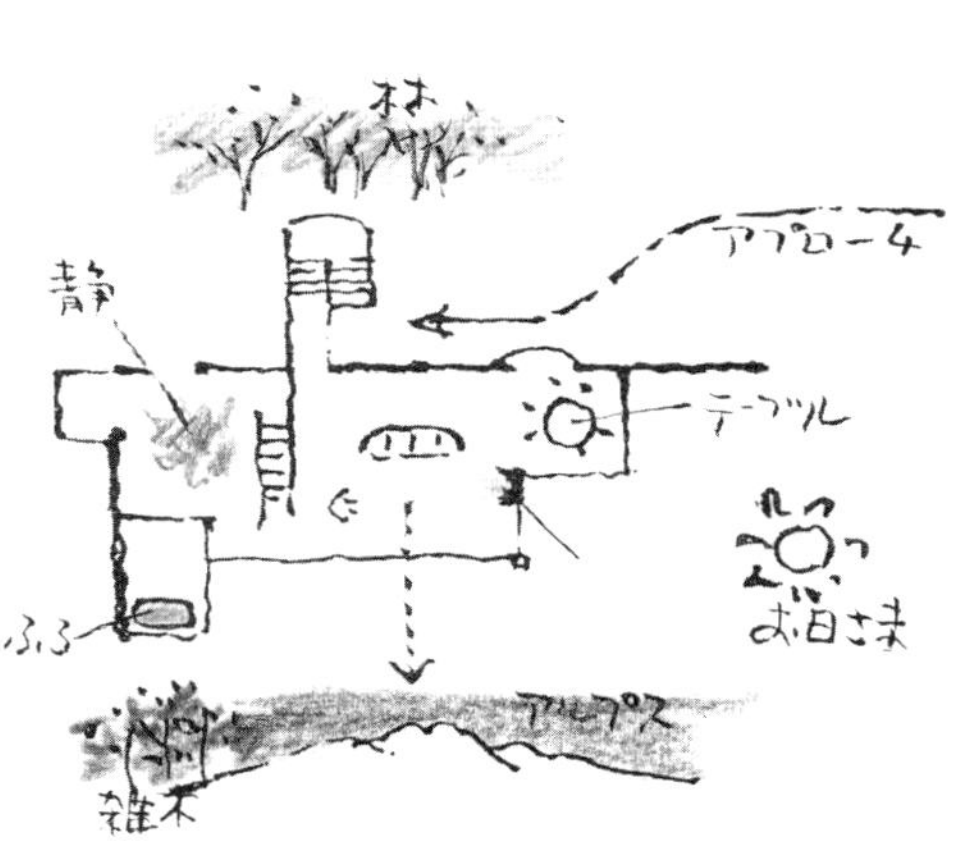

△X番目のスケッチ

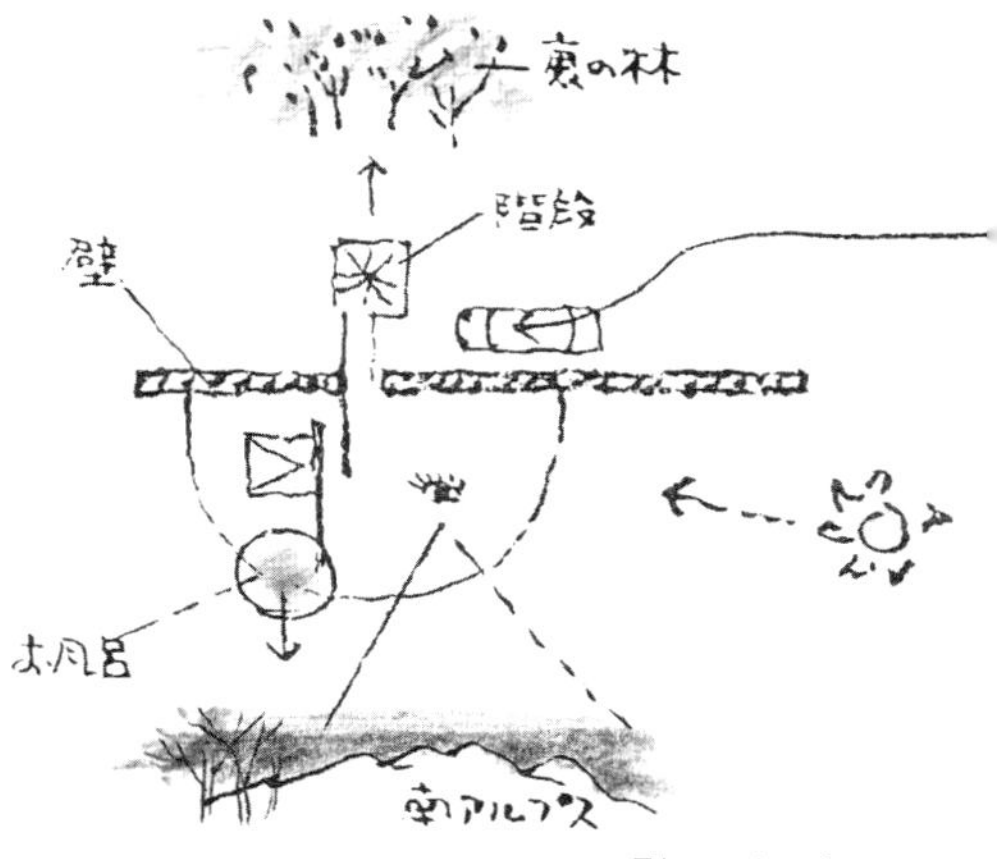

△最初のスケッチ

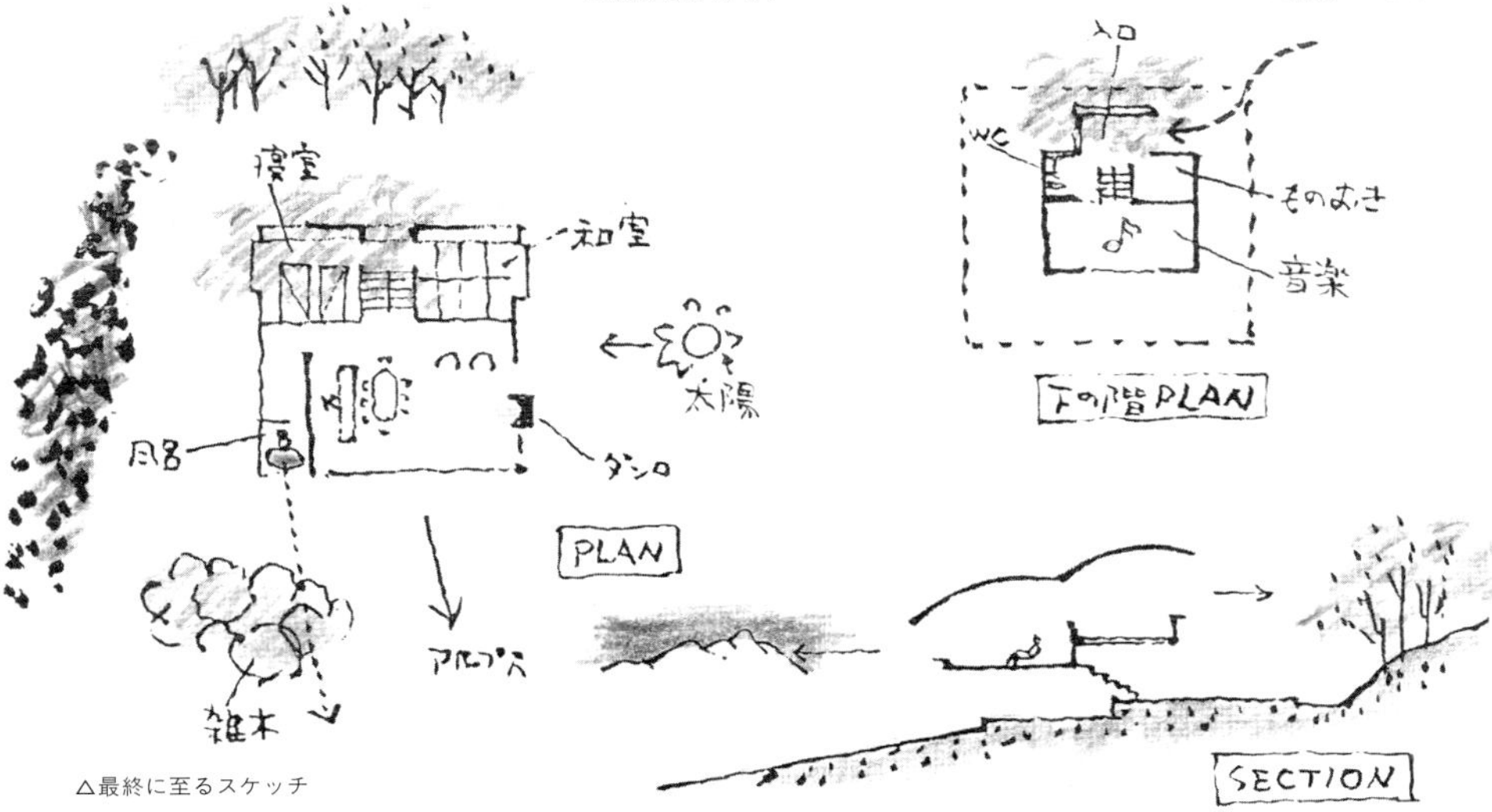

△最終に至るスケッチ

「その場所に人が居ることの安心のありか」

「人とその場所との新たなる風景との出会い」

「日々の生活の経験を新鮮なものにする適度な場の分節」

「方位と風景との整合」など
など。


思い付くままに、明らかな図形という制約を自分に課して、モザイク的なモデル化作業をしばらく進めた。

5 具体化への転生

土地と生活や空間の諸相との関わりを通して掴む場所の骨格。モザイク的な思いと形の断片を合成したその最後のモデルは、ひとつの建築としても確かな秩序を持つものの

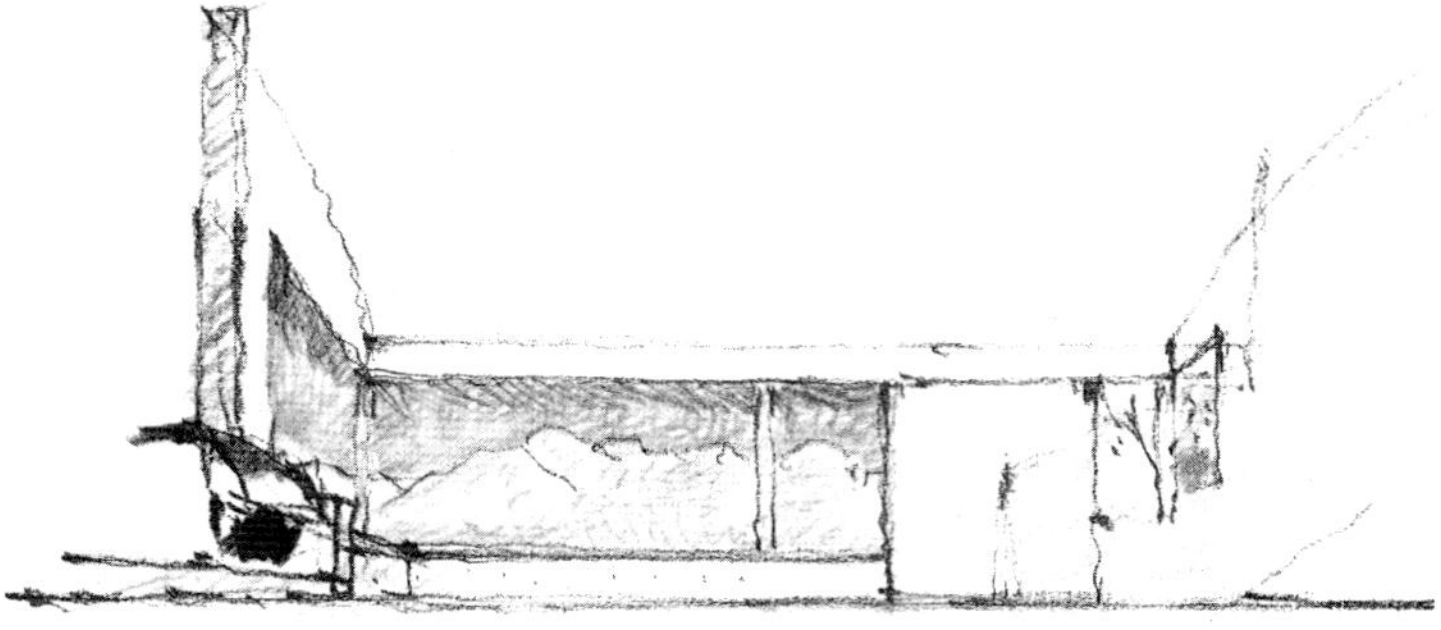

△広間西側のスケッチ

▽広間南側のスケッチ

△アプローチ部分のスケッチ

暖炉の火

ように思われ、そのままに構築することにも大いに魅かれた。

多分その直截的な形態をそのままに土地に着地させるとすれば、それは一帯の風景と強く拮抗して存在することだろう。それもひとつの姿勢である。

背景にある八ヶ岳のやわらかな裾野の形。人を安心に導く深い影の所在。内なる空間の、人の心の肌理を織る和らぎ。モデルという俯瞰的な視点から、地に居て運ばれる経験的な視点へ。

初期のエスキースの明らかなその陽性の図形をもう一度その場所に即して解体しよう。そこで得られた場所や空間の骨格は、表の露なものとしてでなく、知的に存在するものへ移行させよう。

そのことを通して、建築が物としてその存在を主張するのではなく、人の経験を開き広げる空間として存在すること。そのありようを形に即して探ること。

施工途中の風景

八ヶ岳、やわらかな裾野の形と家の形

△大地と床とおおい

6　場所の設計

多くの場合、計画は全体の像を見通そうとするところから入る。一方人の場所の経験は部分から始まり、それが蓄積されて全体の理解に至る。

その遠い二つの始まりを設計という行為が一つのものに結び合わせる。その往復が次第に振幅の度合いを狭め、やがて一つの結論に至る。

緩やかな大地の勾配にしたがって組まれる中空に浮く二段の床。一つの床（場所）は大きな山の風景に、そしてもう一つの床（場所）は日々色を変える裏の林と結び目を持つ。それらを一体にやわらかく包む空間の形を探す。

モデルで得た場の骨格のかたちを伏線として、そのようにしてこの小さな建築を解きすすめた。

明野の家
所在地／山梨県北巨摩郡明野町
敷地面積／763㎡
延床面積／123・1㎡
構造規模／RC造＋木造2階建
竣工／1993年
設計／益子義弘＋益子アトリエ
施工／水野建設

広間

室内からみた風景

7　現れ、そして埋もれていった一瞬の像

工事が進んだ。

とりとめない緩やかな斜面に床の水平が座り、宙に浮く屋根が広い影をつくる。「それだけでよい」と、その築造の過程に現れる一瞬の姿を見て思う。「そのままがよい」と、風景をおおらかに呼吸するその透明な空間を目の前にして考える。そんな思いはこの工事に限らない。いつもどこかでそういう場面に出会うことがある。

多分、その時、人の居場所のひとつの本質あるいは原形が、あらわになるのだろう。計画の過程でも過ぎさった、まだ全体にまぎれ一体のものに昇華する前の、生なイメージの断面が一瞬その姿を見せる時があるのだろう。

その貴重な出会いを記憶にとどめる。

遠景

南側外観

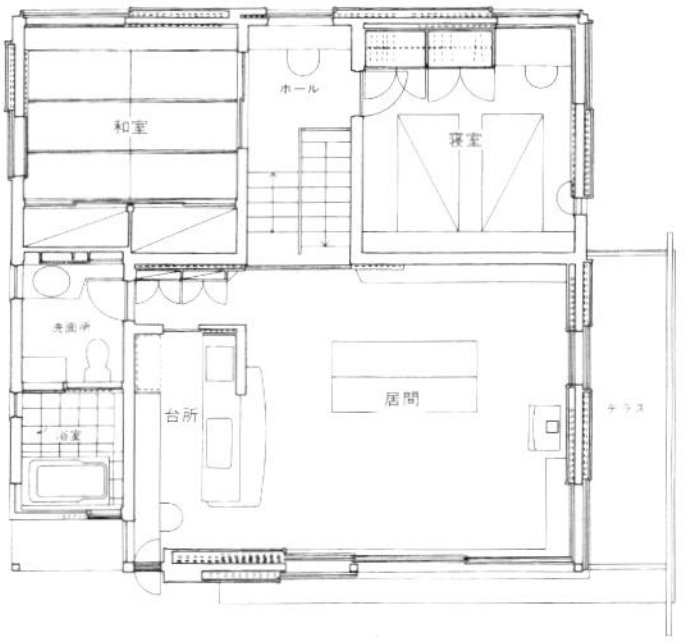

△2階平面図

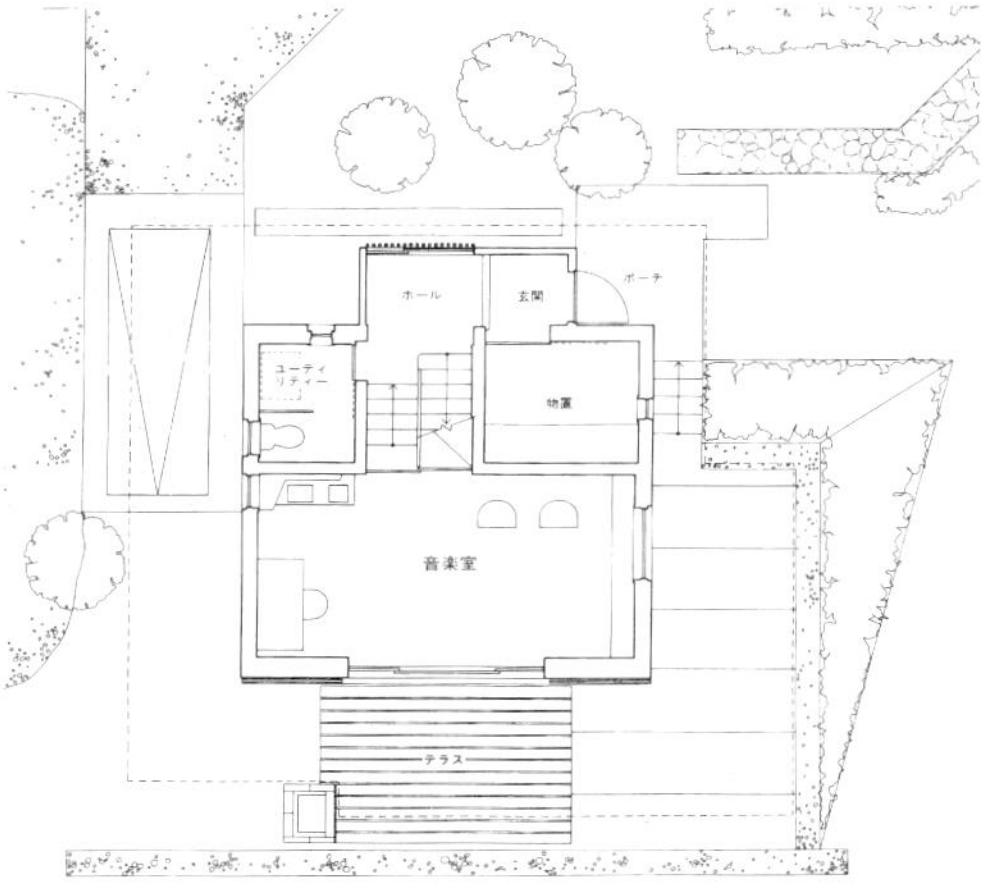

△1階平面図

8 山荘へ

この小さな建築を巡ってさまざまに交錯した思いは、そして一つのものになった。現場の掃除を終えると、それまであちこちに散在し残存していた職人たちの手の痕跡も消えた。

今そこにあるのは、ただひとつの場所である。

建主に招かれて地元の人がやってきた。この土地を紹介した人と近在の植木屋の二人であった。

夕刻、淡々と酒を飲みながら、ここの風景がこんなにも美しいとは思わなかったと、遠く日が落ちようとする山並みに目を這わせながらその土地の人は言った。それは何よりもぼくらにとって最高のほめ言葉であった。

これから、ここの住人になります。よろしく、と建主夫妻が二人に頭を下げた。

新座の家１（１９７０年）

植物との共棲・時の堆積――新座の三軒の家

裸の土地

縁あって、郊外のその土地に住むことに決めた。

いま思い返せば、新たな生活を始める上で、ただ若かった体力がそのころはまだ人気の乏しい未体験な環境を厭わなかったことがあるだろう。

あるいはまた、１９７０年という揺れる時代の風潮が、真っさらな場所からの生活をいくらか後押しをしていたかもしれない。

それは武蔵野の一角の雑木林を切り開き、粗く裸に削ってしまった土地だった。

その土地に、小さな家を建てた。

１９７０年

１９７０年の前後は、既成の体制と進む時代の仕組みに対する若い世代からの疑義と反発が連鎖的に世界に広がりを見せた時だ。建築の世界でも、全体から見ればたぶん小さな、でもぼくらの迷う世代にとっては大きなエポックがあった。

アメリカの建築誌アーキテクチュラル・レヴューが自国の「草の根の建築と建築家」に光を当てた特集を組み、それまでの潮流に隠れていたようなたくさんの住宅を取り上げた。(フランスの『Ａ・Ｄ』誌がそれをまた受け止め、日本でも植田実氏の率いる『都市住宅』誌が機敏に反応した）　そこに共通するのは、どれも人びとの日々の営みに心寄せる視点

新座の家1（左）と新座の家2（右）・1980年

から解かれた住居たちで、ぼくらが生硬な概念的な理解によって縛られてきた近代デザインの教養や形式とは違う身近な生き生きとしたまぶしさに満ちていた。

それはまた、その頃の建築することと生活することとの両面において、はるかに手の届かぬレベルにあるように思われた海の向こうの諸動態にも、まさに草の根にひそむようにして形式に縛られぬ生の実感のありかを求める人びとや建築の活動があることに気付かされる機会でもあった。

そんな地平からはじめること、ぼくらはぼくらの現実から思考し、自分たちの生活の根や自然に照らして建築のありかを探せばよいこと。それが大きな世界にもつながるのかもしれないというかすかな予感といくらかの期待。共に都心育ちの、それなりに雑漠とした街に執着もあるぼくらが、まことに人気の乏しい雑木林の一角に居を定めるには、土地とのいくらかの縁とそんな理由が後押しもした。

草たちの芽生えと遷移

一冬を越し、裸の土地に翌年の春いっせいに草が芽生え始める。その後毎年のように繰り返されたパイオニア植物たちのはげしい遷移のありさまは、まことに目を見張るものがあった。

最初の年にいっせいに繁茂したブタクサやエノコログサが翌年はヒメジョンの白い花の群落やヨモギや黄花をつけるキクイモにとって代わられ、さらに次の年にはタケニグサやススキが繁るかと思えばその上をクズがのたうちまわるように蔓をのばす。

それでも夏はまぶしくて、小さな家は熱いフライパンにあぶられるようにチリチリと焦

新座の家1

新座の家2／特選HOME IDEAS「間取りがよい　小住宅を作りたい」（世界文化社）より

げた。日陰を作らなければと思った。

庇のない若気で創ってしまった家のかたちに、急いでブドー棚を組んで影をつくり、まわりにもいくらかの木々の幼木を植えた。

草の陰から育つ木々

若い体力にまかせて草刈りに挑みはするものの、少し広めのその土地に一雨降るごとに茂りまくる草たちの生命力に抗すすべ術もなく、いつかあきらめの境地で放置するうちに植物たちの遷移は自ずから進む。

土深くに眠っていた種もあったのだろう。あるいは小鳥が糞と共に落としていったものかもしれない。雑草の陰からアカマツやほかの荒地に生えるパイオニアの木々が芽を出し、育っていった。

資力があるわけではないから、大きな木は植えられない。凍てる冬も夏の日照りもただ耐えて、そんな木々の自然な育ちをひたすら待った。

やがてエゴやシデの幼木が草を越え背丈を伸ばして、少しずつ陰を広げて行く。

二番目の家

10年ほどしてあたらしい家族が加わった。荒地もいくらか鎮まって、なんとか住めそうに思えたようだ。

二番目の家は、その次の家を予想して斜面の側に張り出して据え、平地側には三つの家の共用の庭を取ることにした。斜面にコンクリートで半地階の個室を置き、上の階を軽い

新座の家3

木造として見晴らしの開けたワンルーム状の広間を取る。

孤立した場所の不安からやや閉じた最初の家の造りへの配慮はここでは不要になって、むしろ互いの気配が伝わる安心が場所を組むよりどころになる。夜は暗くほとんど闇だった周囲にも、林が拓かれて点々と家のあかりが灯るようになった。

やわらかさを増す土地

植物の力にはほんとうに驚くものがある。それはこの場所に住んで、木々の成長を待ち、季節の寒暖を通して体で知ったことだ。地球規模の温暖化のためもあろうけれど、木々の育ちで和らぐ狭い範囲であれ気候の変化は予想を越えて大きい。いや正直にいえば予想できるような知識も経験もなかった。

そんな木々による環境の変化を、たとえばその陰の涼しさが葉が蒸散する水分の気化熱によると頭では理解するけれど、でもこの木々との共棲や草たちとの格闘は、そんな冷静な理解に関わるものという以前の、もっと根深いなにか生命的な感覚をぼくらに与えてくれたといったほうがよい。

そうした陰を生む木々はまた、風を割り、風を束ねる。

丘状の高台に吹き付ける空気の固まりのような風を木や梢が割り砕く。あるいはまた、繁る木が気流を束ねて風道をつくり、陰に冷やされた地の涼気を運ぶことも知った。

三番目の家

さらに5年ほどして三番目の家が建つ。林だった南側の隣地にも家々が並び、それぞれ自律的に場所に応じて造りを決めた二軒の家に比べて、周囲からの視線のかわしや生活上の配慮が必要になる。

L型のプランは、そのような周囲に対してのいくらかの囲みが必要に思われてのことだった。また平屋の構成は、小規模な住まいの面積をできるだけのびやかに生かしたいことや、少しばかりの土地の余裕と二番目の家への日当たりの配慮にもよっている。

この三軒目の家ができて、境界のないひと括りの土地は生活の場所としての一応のまとまりを見せた。共有の庭は近所の子供たちも含めた遊び場ともなった。

ケヤキ・エゴ・シデ・ヤマザクラ

自生の木々の強さなのだろう。実生から芽生えたエゴやシデ類が大樹に育って土地を覆う。強い日照りに慌てて植えた細いケヤキも、いつのまにか腕を廻しても両手の先が届かない太さになった。

乾いていた土地に湿り気も増す。家のあまり間近に木を植えるなと昔の人は言ったらしい。その覆う影よりも根の強さや怖さを言ったのだろう。竹が畳の間を突き破って生えてきた貧乏長屋の話なども記憶にはある。コンクリートの布基礎でつくる今の家にそれはないけれど、間近に育つ木はわずかな水を察知して下水管の隙間に根を差し込む。あるときは5〜6メートルの長さで管内に伸びて詰まった根を引き出した。

秋を彩る枯葉も悩みのひとつだ。季節の行事だった落葉焚きも周囲に家が建つ今は遠慮しなければならない。市が収集する木の葉のゴミは一軒に二袋と決められている。でも、もうお手上げに思えたその事態も、山積みにした枯葉が翌年の夏までには薄く沈み土に返

△2004年

△1969年

大きく育ったケヤキ

アプローチから

新座の三軒の家

所在地／埼玉県新座市

敷地面積／約2000㎡

・新座の家1／1970年

1981年増築・1988年増築

・新座の家2／1980年

1998年増築

・新座の家3／1983年

1998年増築

・新座のアトリエ／1998年

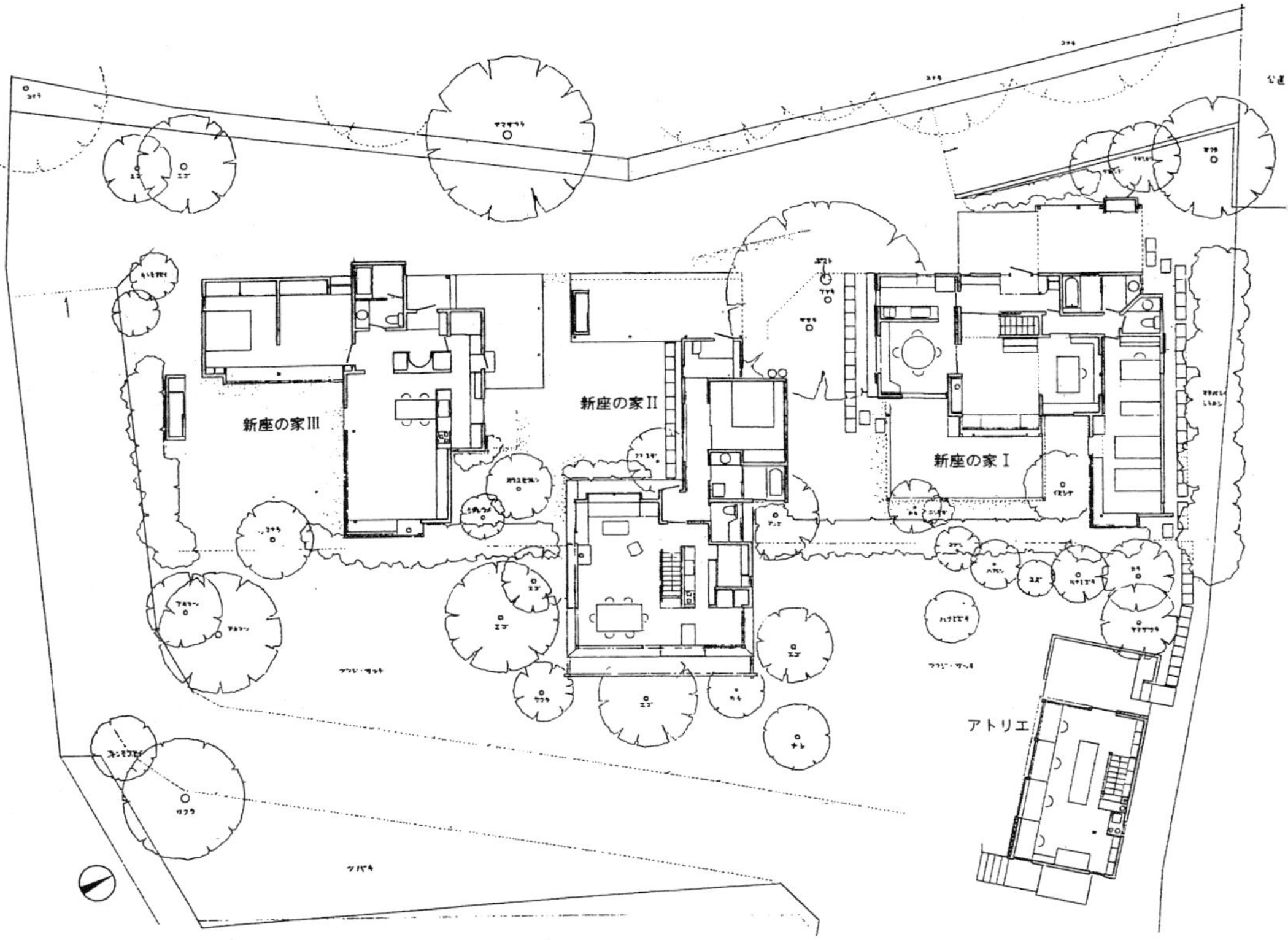

△全体配置図・平面図

ることを知ってなんとか事なきを得た。そのおまけはカブトムシの幼虫が枯葉の小山の中で育つことだけれど、近所の子供たちには秘密にして教えていない。

生活の根付き

長く住む確信もなく始めたこの場所での生活も、木々が根を張るようにいつのまにか土地に深く結ばれてしまったようだ。

それぞれの小さな家も、時と共にいくらかの増築や手入れが必要になる。

子供たちが成長するにつれて共通の庭の役割も少し薄くなった。

立体的なワンルームのような最初の家は、そのもとの骨格を中心に空間を膨らませ、二番目の家は共通の庭を割って場所を広げる。

もともと良材を使えたわけではない木細の家も、雨ざらしの個所を除けば意外に傷みは少ない。やはり水を切る軒や庇が大事なこと、木の材も呼吸ができることが大事なのだとあらためて思う。家はその空間を物の組み立てが支えると同時に、住むことの内圧や日々の息吹が支えているのだろう。

折々の意思の刻み

このひとくくりの土地に建つ三軒の家は、もしも同じ時期に一体の計画として取り組まれたものであれば、このような多様なかたちにはならなかっただろう。多分その場合はもっと全体に整合的な、あるいは構成の上でも、意図性の強いものになったことだろうと思う。

初夏

春

新座の家2・雪の日

この三軒の家のつくりに通底しているものは、ともにそれぞれがまだ若い年代に居を構えることになったためのかなりなローコストを基本の条件に持つことが中心で、最初の家、二番目の家、三番目の家のかたちは、それぞれの時の判断によっている。そうしたことに委ねようとしてきたのは、郊外地特有の環境の移りの激しさと、また住まいは固定したものでなく変わりゆくものという思いもあってのことだ。

その点では、住居をたやすく「作品」と呼ぶことについて、いつもいくらかのためらいがある。そこには強い完結のイメージが先にあって、特に住居においてはポジティブに物としての存在の側が優位にたつそうした構えに、自分の日々ある生活の実感とははなはだ乖離するものがある。気持ちの底では、それはできるだけ匂いなく無意識なものになることを願っているところがあって、そんな思いやためらいが自分たちの住む場所においてはより強かったのかもしれない。

35年という時

こうしてひとつの場所に住んで35年の時が経つ。素裸だった土地が木々で覆われ、逆に緑の林だった周囲はびっしりと建つ住居で埋まった。

若い時には裸のその土地がここまでもとに戻るとは想像もしなかった。自分が見届けられると思う時間の中の風景にその姿はなかったろう。次々と埋まって行く街に、建築に関わる者としての計画の目線で取り組む際にも、そのような自然への考えの入り込む余地はなかったといってよいかもしれない。

これはささやかなひとつの経験だ。そんな受身の経験がすぐさま計画に寄与する方法とはなりえないだろう。

でも、二〜三十年という時のサイクルが、それは多分誰もが見届けられる時間の範囲においで、小さな自然はもとに戻れるのだという実感を持つ。そうした時間が環境を考える大事な軸になることを思う。

とはいえ、樹木はけっこうわがままだ。それに意外な意地の悪さも持っている。一見たよりなげな様子に見える草たちも、またそうである。たぶん、時間の歩を10倍にでも早めれば、草たちが時をうかがい木々が互いに競いあうありさまが、めまぐるしいほどに感じられることだろう。

この土地の安定期に入ったかに見える木々たちがもう静かかといえば、そうでもない。木々は残るわずかな陽射しの空間を一時でも早く占拠しようとして枝をのばし、勝つ木、負けん気の木、負けてしまう木、まあ、日々見るその細部はまことに騒がしい。こちらはそんな木々の争いを裁きなだめつつ、今は住まいの都合で枝をバサバサと切り落としている。

野生との付き合いは、やはりそう生易しくはないようだ。

あとがき

折々に書いた雑文を、まとめてみたらと勧められたのはずいぶん以前のことだ。先にそのことを記せば、建築思潮研究所を主宰する平良敬一さんと数年前に無念にも他界された立松久昌さんが、一種の命令のようなかたちで言われたことだった。それは無理ですと固辞したことだったけれど、研究所の編集員のひとり福島勲さんがそのままにしてはいけないと追い討ちをかけるように、あちこちに散らばすように書いたものを探してラフな構成と脈絡を示し、一冊にしてみようと励ましてくださった。

創作については未だ大いなる迷いがある。その迷いの中にどこかで自分なりの筋道を見つけたいと折々に考えてはきた。でも、集められたものを読み返してみても、暗中模索の様子が浮き出るばかりで確信は乏しい。創ることやその結果を伴わなければ、言葉の勝手はそれなりの意味で使えただろうけれど、ぼくらの背後にはいつも創作した物の事実が付きまとう。それから逃げることは許されない。だから創作と思考のあいだに矛盾に富むことは覚悟の上でこのまとめに取り組んでみた。

建築の果たす役割やその力はなんだろうと、さまざまな現実の事象との出会いや創作の時々で考える。建築はその依頼者があって創作が成立するものだから、とりあえずはその都度の要請や期待に沿って答えに値する物や空間の存在に想像をめぐらす。また一方、そのような具体的で個別の機会をきっかけとして、その底にある人に共通した建築の意味や力を探りたいと思う。ぼくらが少しばかり飛翔できるのは、そんな地平と想像に向かう時だ。

ここに上げたものは、直接設計に関わることは少ない。その周辺を巡って折に触れて考えたものだ。再録を中心として、一部を章にあわせて加筆と訂正をした。

それにしても、物を形作るのとは違って、文章を通じて思いを探り辿るのは際限もなくぼくには時間がかかる。いつまでも明けないこの本のまとめに向けて、設計の協力者であり日々を共に過ごす妻・昭子にかなりな負担をかけてしまった。それはいつものこととあきらめの境地だろうけれど、我慢と後押しに深く感謝する。もちろんその間に設計の上でも時間の間延びによる苦労を掛けたアトリエや関連の人たちにもだ。

二〇〇七年・夏

●スケッチ：益子義弘

●写真撮影

益子義弘（注記以外）

相原功（55頁）
二川幸夫（77頁）
新建築社（125・126・132・165頁）
鈴木悠（140下・147・149・150・158上・159上左・160・163頁）
浅川敏（162右頁）
世界文化社（162左頁）

●初出一覧

「場所の歳事記・木陰の力」：『コンフォルト』1号1996年／建築資料研究社
「風景に見る分節性」：『住宅建築』2003年2月号／建築資料研究社

「空間のやわらかな区分」：『コンフォルト』31号1998年／建築資料研究社

「住宅という場の形質とディテール―ライトの住宅」：『ディテール』／彰国社
「カーン訪問」：『ブルテン』／JIA機関誌
「チャペルという場所から」：『住宅建築』1997年5月号／建築資料研究社
「すまい再発見―アメリカの草の根の住居」：『すまいろん』1996年夏号／㈶住宅総合研究財団
「吉村順三について」：『空間』／東京芸術大学建築科機関誌

「杉の森に送る―金山の火葬場の設計プロセス」：『住宅建築』1997年5月号／建築資料研究社
「生活の多様と風景を結ぶ―箱根の家の設計プロセス」：『住宅建築』1997年5月号／建築資料研究社
「そして山荘に至る―明野の家のプロセス」：『住宅建築』1994年7月号／建築資料研究社
「新座の家の30年」：『住宅特集』1999年1月号／新建築社

著者

益子義弘（ますこ・よしひろ）

1940年東京都生まれ。
1964年東京芸術大学美術学部建築学科卒業
1966年同大学院修士過程修了後、同大学助手（吉村研究室）
1973年MIDI綜合設計研究所
1976年M&N設計室
1984年東京芸術大学助教授
1989年～同大学教授

主な作品：東玉川の家、仙石原の山荘、新座の家、金山町立中学校、金山の火葬場　他
主な著書：『建築ノート／人・エスキース・作品』建知出版　1981年、『家ってなんだろう』インデックス・コミュニケーションズ　2004年、『湖上の家、土中の家』農文協　2006年、『住風景を創る』彰国社　2007年

建築ライブラリー19

建築への思索―場所を紡ぐ

発行日――2007年10月10日
著者――益子義弘

編集室――㈲建築思潮研究所（代表　平良敬一）
編集／福島勲　田中須美子
〒130-0026東京都墨田区両国4-32-16両国プラザ1004
TEL(03)3632-3236　FAX(03)3635-0045

発行人――馬場栄一
発行所――㈱建築資料研究社
〒171-0014東京都豊島区池袋2-72-1日建学院2号館
TEL(03)3986-3239　FAX(03)3987-3256

印刷・製本――大日本印刷㈱

ISBN-978-4-87460-957-6